2017 团体标准化发展研究报告

中国标准化研究院◎著

中国质检出版社
中国标准出版社
北　京

图书在版编目（CIP）数据

2017 团体标准化发展研究报告 / 中国标准化研究院著.
—北京：中国标准出版社，2018.12
ISBN 978-7-5066-8628-0

Ⅰ.①2… Ⅱ.①中… Ⅲ.①标准化—工作—发展—研究报告—中国—2017 Ⅳ.①G307.72

中国版本图书馆 CIP 数据核字（2017）第 084084 号

中国质检出版社
中国标准出版社 出版发行

北京市朝阳区和平里西街甲 2 号（100029）
北京市西城区三里河北街 16 号（100045）
网址：www.spc.net.cn
总编室：（010）68533533 发行中心：（010）51780238
读者服务部：（010）68523946
中国标准出版社秦皇岛印刷厂印刷
各地新华书店经销
*
开本 710×1000 1/16 印张 7.5 字数 120 千字
2018 年 12 月第一版 2018 年 12 月第一次印刷
*
定价：45.00 元

《2017团体标准化发展研究报告》编委会

主　　任： 殷明汉　　刘洪生

副 主 任： 肖　寒　　巫小波

编写人员：（按姓氏的汉语拼音排序）

方　华　　郭　昕　　焦伟赟

李德利　　逄征虎　　彭　飞

乔世杰　　孙志勇　　孙旭亮

王益谊　　汪正范　　许　青

徐圆圆　　薛纪二　　袁晓鹏

姚　歆　　朱翔华　　郑燕峰

郑　波　　郑琼冰　　张如喜

张世娟

前言

2016年9月，习近平总书记在致第39届国际标准化组织（ISO）大会的贺信中指出，标准是人类文明进步的成果。伴随着经济全球化深入发展，标准化在便利经贸往来、支撑产业发展、促进科技进步、规范社会治理中的作用日益凸显。标准已成为世界"通用语言"。世界需要标准协同发展，标准促进世界互联互通。李克强总理参加了大会并发表演讲，强调标准化水平的高低反映了一个国家产业核心竞争力乃至综合实力的强弱。习近平总书记的贺信和李克强总理的发言表明，作为世界制造大国，中国高度重视标准化工作。

2015年3月，国务院印发的《深化标准化工作改革方案》(以下简称《改革方案》）是标准化工作发展至今一座具有历史意义的里程碑。团体标准作为我国标准化体制改革的亮点和重要内容，首次在国务院层面印发的规范性文件中予以明确。团体标准诞生于市场经济这块沃土，与生俱来的自愿性、对市场和创新需求的快速响应性等优势造就了它独特的发展优势。2017年9月5日，中共中央、国务院印发了《中共中央 国务院关于开展质量提升行动的指导意见》，指出改革标准供给体系，推动消费品标准由生产型向消费型、服务型转变，加快培育发展团体标准。这是我国首部以中共中央、国务院名义出台的质量工作纲领性文件，具有重大的里程碑意义，必将对我国质量发展产生深远影响。2017年10月14日，世界标准日中国主题定为标准化助力质量提升。2017年10月15日，国家质量监督检验检疫总局（以下简称质检总局）党组成员、国家标准化管理委员会（以下简称国家标准委）主任田世宏在中国标准化改革与发展圆桌会议上发言，指出抓质量提升，标准化应当是"牛鼻子”。只有有效发挥标准化对质量提升的基础性、引领性、战略性作用，质量才能提得起来，升得上去。要加大市场标准培育和发展力度，有序引导团体标准发展壮大，激发市场主体参与标准化工作活力，构建标准多元供给体系。2017 年 11 月 4 日，历经多年修订的《中华人民共和国标准化法》（以下简称新《标准化法》，见附录 A）由第十二届全国人民代表大会常委会第三十次会议表决通过，国家主席习近平签署第七十八号主席令予以公布，于 2018 年 1 月 1 日起施行。新《标准化法》明确国家鼓励学会、协会、商会、联合会、产业技术联盟等社会团体协调相关市场主体共同制定满足市场和创新需要的团体标准，首次赋予团体标准法律地位，为培育发展团体标准提供了强有力的法律保障，具有里程碑意义。《标准化法》的修订在对近 30 年来标准化工作全面总结的基础上，充分吸收标准化改革的成果和实践经验，形成了全新的标准体系、管理体制和运行机制，对促进标准化改革创新发展意义重大、影响深远。

2017 年 12 月 15 日，经国务院标准化协调推进部际联席会议第四次全体会议审议通过，质检总局、国家标准委、民政部印发了《团体标准管理规定（试行）》（以下简称《规定》，见附录 B），这是继《关于培育和发展团体标准的指导意见》及 GB/T 20004.1—2016《团体标准化　第 1 部分：良好行为指南》（见附录 C）之后，又一规范引导我国团体标准化发展的重要政策文件。该《规定》由中国标准化研究院等单位参与研究制定，是为了配套新《标准化法》，从团体标准的制定、实施和监督等方面提出对新《标准化法》有关规定的细化落实措施。《规定》的出台将会促进新《标准化法》的贯彻实施，为规范、引导和监督我国团体标准化工作提供有力支撑。

全国团体标准信息平台（网址：www.ttbz.org.cn，

微信公众号：tuanbiaopingtai，以下简称平台）于 2016 年 3 月底上线运行，截至 2017 年 12 月 31 日，已有 1157 家社会团体在平台上注册，共公布团体标准 2159 项。该平台是我国支撑和服务团体标准化发展的统一平台，具有重要法规政策公布、团体基本信息公开、团体发展动态跟踪、团体标准制定发布、团体标准查询获取、标准解读比对推介、良好行为评价开展、教育培训资源汇总、学术研究成果研讨、社会公众点评监督等多项功能。自上线以来，广大社会团体积极支持并参与平台建设，踊跃注册并发布团体标准，平台也致力于满足用户多样化需求，不断完善各项功能。2017 年 9 月 25 日，平台实现第一次改版升级，新增“标准化活动”“教育与培训”“出版物”等栏目。目前，平台运行良好，各方面工作逐步完善。

为了客观记述我国团体标准化发展的亮点和成效，总结和宣传推广典型经验做法，国家标准委组织中国标准化研究院，以及中国铸造协会、中国通信标准化协会、WAPI 产业联盟、北京市闪联信息产业协会、中关村中交国通智能交通产业联盟、中关村半导体照明工程研发及产业联盟、中国分析测试协会、中国标准化协会、中国化学纤维工业协会、中国电机工程学会、中国国际贸易促进委员会商业行业委员会、广东省标准化协会、山东省太阳能行业协会等平台社会团体成员，以平台数据和各团体的管理经验及案例成果为基础，共同编写本书。同时，本书的编写工作也得到了社会各界人士的广泛参与和热情支持。

本书包含团体标准化政策、团体标准化发展现状、团体标准化活动管理运行、团体标准典型案例 4 章以及《团体标准管理规定（试行）》等 5 个团体标准政策文件附录。

第一章团体标准化政策主要提供国务院和国家立法

层面、国务院标准化行政主管部门、国务院有关部委以及各省培育发展团体标准的政策，从 4 个层面系统展现我国培育发展团体标准的政策。第二章团体标准化发展现状以全国团体标准信息平台数据（数据截至 2017 年 12 月 31 日）为基础，总结平台自 2016 年 3 月上线运行以来，社会团体在平台上登记注册情况以及团体标准公布情况。第三章团体标准化活动管理运行选取 10 家典型社会团体，分别描述了其团体标准化管理运行机制的特色和亮点。第四章团体标准典型案例选取 11 家社会团体的 30 个典型团体标准案例，系统展现了这些团体标准在制定、发布、推广以及实施等方面的典型经验做法。

由于时间和资料有限，加之影响团体标准化发展状况的变量复杂，本书中难免有疏忽、不妥之处，敬请谅解并提出宝贵意见，以便今后不断改进与完善。

本书编委会

2018 年 8 月

目录

第四章　团体标准典型案例 // 55

附录 // 79

第一章 团体标准化政策

自《深化标准化工作改革方案》首次从国务院层面提出培育发展团体标准以来，我国陆续出台了团体标准化系列政策，为团体标准发展营造了良好的政策环境。本章结合团体标准发展实际，从国务院和国家立法，国务院标准化行政主管部门，国务院有关部委，各省、自治区、直辖市四个层面系统解析我国团体标准化政策，为读者呈现我国团体标准化政策的宏观全貌。

第一节 国务院和国家立法层面培育发展团体标准的政策

一、国务院发布《深化标准化工作改革方案》

2015 年 3 月 11 日，国务院发布了《深化标准化工作改革方案》(以下简称《改革方案》)。《改革方案》共 15 处提到团体标准，关于培育发展团体标准主要有以下几个方面内容：

(1) 团体标准面临的困境：团体标准在我国没有法律地位，市场自主制定、快速反映需求的标准不能有效供给。

(2) 改革的基本原则：坚持简政放权、放管结合。把该放的放开放到位，培育发展团体标准，放开搞活企业标准，激发市场主体活力；把该管的管住管好，强化强制性标准管理，保证公益类推荐性标准的基本供给。

(3) 改革措施：政府主导制定的标准由 6 类整合精简为 4 类，分别是强制性国家标准和推荐性国家标准、推荐性行业标准、推荐性地方标准；市场自主制定的标准分为团体标准和企业标准。政府主导制定的标准侧重于保基本，市场自主制定的标准侧重于提高竞争力。

(4) 培育发展团体标准的具体措施：**在标准制定主体上，**鼓励具备相应能力的学会、协会、商会、联合会等社会组织和产业技术联盟协调相关市场主体共同制定满足市场和创新需要的标准，供市场自愿选用，增加标准的有效供给。**在标准管理上，**对团体标准不设行政许可，由社会组织和产业技术联盟自主制定发布，通过市场竞争优胜劣汰。国务院标准化主管部门会同国务院有关部门制定团体标准发展指导意见和标准化良好行为规范，对团体标准进行必要的规范、引导和监督。**在工作推进上，**选择市场化程度高、技术创新活跃、产品类标准较多的领域，先行开展团体标准试点工作。支持专利融入团体标准，推动技术进步。

二、全国人民代表大会修订通过《中华人民共和国标准化法》

2017 年 11 月 4 日第十二届全国人民代表大会常务委员会第三十次会议修订通过《中华人民共和国标准化法》(以下简称新《标准化法》)。新《标准化法》的发布为我国团体标准发展迎来了新契机，主要体现在：建立了一个新体系，明确了两个关系，规定了三个方面。

（一）建立了一个新体系

新《标准化法》第二条指出："标准包括国家标准、行业标准、地方标准和团体标准、企业标准"，正式赋予团体标准法律地位，将团体标准列入我国新型标准体系中，为建立政府主导制定的标准与市场自主制定的标准协同发展、协调配套的新型标准体系提供了有力支撑。

（二）明确了两个关系

1. 团体标准与创新的关系

团体标准最早出现就是在新兴产业和技术领域，是为了满足技术快速更新的要求而产生的。在这些创新活跃领域，鼓励创新技术进入团体标准有利于提高标准的技术水平，从而通过标准的实施带动产业竞争力的提高。故而，新《标准化法》第二十条指出："国家支持在重要行业、战略性新兴产业、关键共性技术等领域利用自主创新技术制定团体标准、企业标准。"为了达到这一目标，国家应该在政策、制度设计中考虑给予团体标准相关支持，以激励作为技术创新和产业化主体的社会团体在标准制定和创新中形成良性循环。

2. 团体标准与其他标准之间的关系

新《标准化法》第二十一条指出："推荐性国家标准、行业标准、地方标准、团体标准、企业标准的技术要求不得低于强制性国家标准的相关技术要求。国家鼓励社会团体、企业制定高于推荐性标准相关技术要求的团体标准、企业标准。”符合法律法规和强制性标准的相关技术要求是团体标准的底线要求。但不排斥团体标准与推荐性的国家标准、行业标准和地方标准竞争。团体标准属于市场标准，天生具有市场竞争的属性。不仅在团体标准之间可以展开竞争，团体标准还可以和推荐性标准展开竞争。社会团体为了提升其竞争力，可制定比同类团体标准技术水平高，甚至比推荐性标准技术水平高的标准，从而使其标准在市场竞争中脱颖而出。当然，不论团体标准的技术水平达到哪个程度，满足强制性国家标准和法律法规相关要求是对团体标准的底线要求。

（三）规定了三个方面

1. 团体标准的制定

（1）制定主体

新《标准化法》第十八条指出：“国家鼓励学会、协会、商会、联合会、产业技术联盟等社会团体协调相关市场主体共同制定满足市场和创新需要的团体标准。”团体标准的制定和发布主体是社会团体。民政部《社会团体登记管理条例》指出：“社会团体是指中国公民自愿组成，为实现会员共同意愿，按照其章程开展活动的非营利性社会组织。成立社会团体，应当经其业务主管单位审查同意，并依照本条例的规定进行登记。”由此可见，制定团体标准的主体应是在民政部门登记的社会团体。纵观国际和国外标准化组织，如国际标准化组织、国际电工委员会、英国标准协会、加拿大标准委员会等，他们都在其最基础的标准化指导文件中将标准制定发布主体明确界定为法律实体，以便于该主体对其所有标准制定活动承担法律责任。故而将我国团体标准制定主体规定为社会团体也是为了保证其能承担法律责任。

（2）制定过程

旧《标准化法》并没有对标准制定过程方面提出要求。新《标准化法》不仅对强制性标准和推荐性标准的制定过程提出了要求，还对团体标准的制定过程提出了要求：“制定团体标准应当组织对标准相关事项进行调查分析、实验、论证”，并且“制定团体标准，应当遵守开放、透明、公平的原则”。目前，我国团体标准还处于鼓励发展的阶段。很多社会团体还处于追求制定团体标准数量的阶段，如何保证团体标准的质量，这不仅需要社会团体自身能力的提高，还需要从立法上加以引导。新《标准化法》对团体标准制定过程的规定为下一步制定团体标准相关管理规定，并细化对团体标准制定程序的管理以保证团体标准内容的科学合理性提供了法理依据。

（3）标准编号

为便于标识、归类和统计，每个社会团体所发布的团体标准应采用统一的编号规则予以编号。团体标准编号要便于识别，新《标准化法》第二十四条指出：“标准应当按照编号规则进行编号。标准的编号规则由国务院标准化行政主管部门制定并公布”。《团体标准管理规定（试行）》中明确了“团体标准编号依次由团体标准代号、社会团体代号、团体标准顺序号和年代号组成。”“社会团体代号由社会团体自主拟定，可使用大写拉丁字母或大写拉丁字母与阿拉伯数字的组合。社会团体代号应当合法，不得与现有标准代号重复。”团体标准编号中的社会团体代号应合法且唯一，不应与现有标准代号相重复，且不应与全国团体标准信息平台上已有的社会团体代号相重复。社会团体不按照规定对团体标准进行编号，由标准化行政主管部门责令限期改正；逾期不改正的，则会被撤销相关标准编号，并在标准信息公共服务平台上公示。

（4）标准公开

新《标准化法》第二十七条指出：“国家实行团体标准、企业标准自我声明公开和监督制度。”“国家鼓励团体标准、企业标准通过标准信息公共服务平台向社会公开。”为了实现团体标准信息公开，国家标准化管理委员会组织中国标准化研究院开发建立了全国团体标准信息平台，并鼓励团体标准通过平台向社会公开。建立统一的团体标准信息平台是实现对团体标准化数据资源有效管理、顺畅流通和共享的重要手段。通过在平台上公开团体标准信息，可以实现借助于信息化手段，使社会公众能够便捷地查阅和反馈信息，从而加强对团体标准的信息公开和社会监督。

2. 团体标准的实施

团体标准是市场类标准。参与团体标准制定的主体往往也是将来实施标准的主体。故而团体标准在推广实施方面有着天然的优势。新《标准化法》第十八条指出：团体标准“由本团体成员约定采用或者按照本团体的规定供社会自愿采用”。因为团体标准反映的是各参与主体的共同需求，故而团体标准的实施也应由本团体成员约定采用或者按照本团体的规定供社会自愿采用。如果各参与主体约定团体标准只供团体内部成员采用，则各主体都应遵守约定。如有参与主体违反约定，则应按照合同法或民法的违约责任进行追责。如果各参与主体约定团体标准可按一定的规则供社会采用，则社会公众可通过一定的渠道获得团体标准，并遵照社会团体的规则实施团体标准。大部分社会团体制定团体标准都是为了推广和实施团体标准，除了要加大对团体标准的宣贯外，还可以借助合格评定制度来加以推广。社会团体在制定团体标准过程中就可以吸收合格评定机构的参与，以获得合格评定机构对团体标准的认同；或者在团体标准发布后积极将团体标准提交给合格评定机构作为其开展合格评定活动的依据。

3. 团体标准的管理

新《标准化法》第十八条指出：“国务院标准化行政主管部门会同国务院有关行政主管部门对团体标准的制定进行规范、引导和监督。”第三十九条指出：“社会团体、企业制定的标准不符合本法第二十一条第一款、第二十二条第一款规定的，由标准化行政主管部门责令限期改正；逾期不改正的，由省级以上人民政府标准化行政主管部门废止相关标准，并在标准信息公共服务平台上公示。违反本法第二十二条第二款规定，利用标准实施排除、限制市场竞争行为的，依照《中华人民共和国反垄断法》等法律、行政法规的规定处理。”

第二节 国务院标准化行政主管部门培育发展团体标准的政策

2017 年 12 月 15 日，国家质量监督检验检疫总局（以下简称质检总局）、国家标准化管理委员会（以下简称国家标准委）、民政部印发了《团体标准管理规定（试行）》(以下简称《规定》)。《规定》共五章三十八条，明确了团体标准的总体要求以及制定、实施和监督等具体要求。

规范、引导和监督团体标准化工作，**从总体要求上，**明确团体标准是依法成立的社会团体为满足市场和创新需要，协调相关市场主体共同制定的标准，明确团体标准的管理体制，团体标准实行自我声明公开和监督制度，鼓励社会团体参与国际标准化活动，这是对我国团体标准化活动的总体要求。**从团体标准的制定上，**明确了团体标准制定的原则、范围及一般程序、团体标准的编写及编号规则、团体标准涉及专利的问题、团体标准的自我声明公开、团体标准版权的处置等具体要求。**从团体标准的实施上，**明确了团体标准的采用方式，社会团体自行负责其团体标准的推广与应用，对社会团体申请参加团体标准化良好行为评价，团体标准向国家标准、行业标准或地方标准转化等提出了具体要求，鼓励各地方、各部门在各项工作中采用团体标准，鼓励将团体标准纳入各级奖项评奖范围，促进团体标准的实施。**从团体标准的监督上，**明确社会团体登记管理机关责令限期停止活动的社会团体，在停止活动期间不得开展团体标准化活动。明确县级以上人民政府标准化行政主管部门、有关行政主管部门依据法定职责，对团体标准化工作进行指导和监督；建立团体标准投诉举报处理机制；对于违反法律法规、强制性标准、国家有关产业政策制定团体标准的，责令限期改正、向社会进行公示、纳入相关信用体系等措施。明确社会团体未依照规定对团体标准进行编号的，责令限期改正、撤销相关标准编号、向社会公示等措施。明确利用团体标准实施排除、限制市场竞争行为的，依照《中华人民共和国反垄断法》等法律、行政法规的规定处理。

第三节 国务院有关部委与团体标准有关的政策

一、住房和城乡建设部

为了促进社会团体批准发布的工程建设团体标准健康有序发展，建立工程建设国家标准、行业标准、地方标准与团体标准相结合的新型标准体系，2016 年 11 月，住房和城乡建设部办公厅提出了《关于培育和发展工程建设团体标准的意见》(以下简称《意见》，详见附录 D)。《意见》明确了培育发展工程建设团体标准的指导思想、基本原则、总体目标以及主要措施。

培育发展工程建设团体标准，**从指导思想上，**要贯彻党的十八大和十八届三中、四中、五中、六中全会精神，借鉴国际成熟经验，立足国内实际情况，以满足市场需求和创新发展为出发点，加大工程建设标准供给侧结构性改革，激发社会团体制定标准活力，解决标准缺失滞后问题，支撑保障工程建设持续健康发展。**从基本原则上，**要坚持市场主导、诚信自律、创新驱动。**从总体目标上，**到 2020 年，要培育一批具有影响力的团体标准制定主体，制定一批与强制性标准实施相配套的团体标准，团体标准化管理制度和工作机制进一步健全和完善。到 2025 年，团体标准化发展更为成熟，团体标准制定主体获得社会广泛认可，团体标准被市场广泛接受，力争在优势和特色领域形成一些具有国际先进水平的团体标准。**从主要措施上，**《意见》从营造良好环境、完善实施机制、规范编制管理、加强监督管理等四个方面，提出了推进政府推荐性标准向团体标准转化、鼓励引用团体标准、提高团体标准技术含量、强化社会监督等十一条培育和发展工程建设团体标准工作的主要措施，努力促进工程建设团体标准有序规范发展。

二、工业和信息化部

（一）提出制定重点领域团体标准

2016 年 3 月 21 日，工业和信息化部、国家发展改革委、财政部联合制定了《机器人产业发展规划（2016—2020 年）》，其中，基础能力建设重点专栏提出在机器人产业领域制定团体标准。

> 专栏三　基础能力建设重点
>
> ——机器人产业标准。发挥企业参与制修订标准的积极性，按照产业发展的迫切度，研究制定一批机器人国家标准、行业标准和团体标准，主要包括机器人用 RV 减速机通用技术条件等通用技术标准、机器人整机电磁兼容技术要求和试验方法等检测标准、个人护理机器人安全要求等安全标准、工业机器人编程和操作图形用户接口等通信控制标准、设计平台标准和喷涂机器人系统应用规范等应用标准。

2017 年 5 月 19 日，工业和信息化部印发了《工业节能与绿色标准化行动计划（2017—2019 年）》的通知。该通知包括加强工业节能与绿色标准化工作的必要性、总体要求和工作目标、重点任务、保障措施等四个方面内容。**从总体要求上，**要坚持统筹推进，加强顶层设计，在协调各类标准需求的基础上，统筹推进国家标准、行业标准、地方标准、团体标准和企业标准制修订，构建定位明确、分工合理的工业节能与绿色标准体系。**从重点任务上，**要培育标准化支撑机构和评价机构。充分发挥市场主体作用，鼓励社会组织和产业技术联盟协调相关市场主体共同制定满足市场和创新需要的标准，是标准化工作改革的既定方向。依托研究机构、行业组织、产业联盟等，培育一批标准化支撑机构，加快发展团体标准和地方标准。培育一批工业节能与绿色发展评价机构，为标准实施提供技术支撑。**从保障措施上，**要充分发挥地方政府、第三方机构在节能与绿色标准化工作中的作用，结合长江经济带、京津冀等重点地区推进工业节能与绿色发展工作的实际需求，研究制定区域标准、地方标准和团体标准。加强部省联动，推动基础好、适应性强的地方标准、团体标准上升为行业标准、国家标准。

2017 年 12 月 6 日，工业和信息化部印发了《关于促进和规范民用无人机制造业发展的指导意见》。该意见确立了促进和规范民用无人机制造业发展的总体要求、主要任务和保障措施。在八大主要任务中，第五项任务是建立完善标准体系。

> 落实《无人驾驶航空器系统标准体系建设指南（2017—2018 年版）》，加快民用无人机分级分类、产品安全性要求、身份编码规则、研制单位基本条件及评价方法、管控平台建设等急需标准制定，建立健全民用无人机标准体系。鼓励行业协会、产业联盟等社会团体围绕市场需求制定团体标准，促进经过市场检验的先进团体标准转化为行业或国家标准。积极推动民用无人机标准国际化，支持参与国际标准化活动，加强国际标准制定，提高国际话语权。

（二）加强团体标准的制修订管理

2016 年 5 月，工业和信息化部制定了《工业和通信业节能与综合利用领域标准制修订管理实施细则（暂行）》。该实施细则旨在加强工业和通信业节能与综合利用领域标准制修订管理工作，规范该领域标准制修订程序和要求。其中，第七条规定了团体标准制修订工作的责任主体，第十条明确了团体标准转化为行业标准或国家标准的政策和操作程序。

> 第七条　节能与综合利用司负责指导工业和通信业节能与综合利用领域团体标准的制修订工作。鼓励社会团体参照工业和通信业节能与综合利用领域技术标准体系、绿色制造标准体系，以创新引领为宗旨开展团体标准制修订工作，提升标准水平，支撑产业链协同创新，引导促进绿色生产和消费。
>
> ……
>
> 第十条　鼓励成熟的工业和通信业节能与综合利用领域地方标准和团体标准转化为行业标准或国家标准。以满足条件的地方标准和团体标准为基础申请行业标准或国家标准立项的，经标准归口单位推荐，标准制修订工作可适用快速程序，直接由立项阶段进入征求意见阶段或审查阶段。

（三）建立健全标准体系，明确提出制定团体标准

2016 年 10 月，工业和信息化部编制了《信息化和工业化融合发展规划（2016—2020 年）》。该规划提出制定团体标准，协同推进标准研制。

> （三）建立健全标准体系
>
> 整合工业、信息技术、通信领域的标准化资源，加快建立适应制造业与互联网融合发展的标准体系，推动建立跨界融合标准化技术组织。按照急用先行、成熟先上、重点突破的原则，面向重点行业和细分领域制定行业应用规范和实施指南。发挥企业在标准制定中的重要作用，支持组建重点领域标准推进联盟，鼓励制定团体标准，协同推进标准研制。支持骨干企业主导或实质参与国际标准制定，提升国际标准话语权。

（四）出台《培育发展工业通信业团体标准的实施意见》

2017 年 12 月 19 日，为加快建立政府主导制定的标准与市场自主制定的标准协同发展、协调配套的新型标准体系，推动工业通信业团体标准化

工作健康有序发展，工业和信息化部发布了《培育发展工业通信业团体标准的实施意见》(以下简称《实施意见》，见附录E)。

《实施意见》明确提出了我国未来三年工业通信业团体标准的发展目标：到2020年，工业通信业团体标准化工作机制基本健全，团体标准的市场认可度得到较大幅度提升。在市场化程度高、技术创新活跃的领域培育发展一批技术水平先进、具有国际竞争力的团体标准应用示范项目，推动形成一批具有较高知名度和影响力的团体标准制定机构。《实施意见》从树立团体标准应用示范标杆，探索建立团体标准采信机制，优化完善现有标准体系结构，支持团体标准的社会监督等四个方面积极为团体标准发展营造良好环境。《实施意见》特别强调，加大对团体标准的资金扶持，研究推动对团体标准应用示范项目、团体标准采信等重点工作给予一定的经费支持，引导社会团体加大在团体标准方面的资金投入。同时，鼓励地方工业和信息化主管部门设立专项资金，支持相关团体标准的制定、实施与评估。

三、科学技术部

2017年6月13日，为深入贯彻落实《国家创新驱动发展战略纲要》《国家中长期科学和技术发展规划纲要(2006—2020年)》《深化标准化工作改革方案》《“十三五”国家科技创新规划》《深化科技体制改革实施方案》《国家标准化体系建设发展规划(2016—2020年)》等战略部署和政策规划，全面实施技术标准战略，健全科技与标准化互动支撑机制，引导科技、产业等各类资源积极参与技术标准研制与应用，加速科技成果转化应用，建立健全新型技术标准体系，促进发展动力转换，提升发展的质量和效益，科学技术部与质检总局和国家标准委共同印发了《“十三五”技术标准科技创新规划》(以下简称《规划》)。

《规划》分析了我国当前实施技术标准战略的形势与需求，并对实施技术标准战略从指导思想上、基本原则以及发展目标上做出总体要求。为了提升科技引领技术标准水平，《规划》做出加强新兴和交叉领域技术标准研制、推动基础通用与公益和产业共性技术标准优化升级、加强技术标准研制过程中的科技支撑三个举措。为发挥以技术标准促进科技成果转化应用，《规划》指出要加强对科技计划中研制技术标准的服务，推动科技计划成果转化为技术标准，创新技术标准服务模式。同时，《规划》强调要培育中国标准国际竞争新优势，提高我国对国际标准的技术贡献，以科技创新推动中国标准“走出去”；激发市场主体技术标准创新活力，提升企业的技术标准创制能力，增强社会团体的技术标准创新活力；健全技术标准创新协同推进机制，即健全技术创新、专利保护与标准化互动支撑机制与健全军民标准融合发展机制；强化规划实施保障，加强组织领导和统筹协调，加强新模式、新业态下技术标准发展路径研究，健全科技成果向技术标准转化机制措施，加强人才队伍建设以及完善技术标准创新多元化投入机制等。

四、国土资源部

2016 年 8 月，国土资源部印发了 2016 年版《国土资源标准体系》。该标准体系以“创新、协调、绿色、开放、共享”五大发展理念为指导，围绕国土资源部各项重点工作编制而成。该标准体系共收录了五类标准，其中包含根据标准化改革精神，在保证标准基本供给的基础上为市场标准留出广阔发展空间而制定的团体标准。

五、农业农村部

2017 年 12 月 15 日，农业部就推进兽医社会化服务发展印发《关于推进兽医社会化服务发展的指导意见》。该指导意见主要包括充分认识推进兽医社会化服务发展的重要性和紧迫性、指导思想、基本原则和总体目标、推进兽医社会化服务发展的主要任务、加强兽医社会化服务发展的组织保障四个方面内容。在推进兽医社会化服务发展的主要任务方面，农业部提出制定服务标准，规范服务行为，支持兽医行业协会制定团体标准，开展行业自律。引导兽医社会化服务组织执行国家有关规定，合理确定服务收费标准。

六、商务部

2016 年 12 月，商务部发布了《商务部关于做好“十三五”时期消费促进工作的指导意见》，并在推进流通标准化建设任务中提出构建国家标准、行业标准、团体标准、地方标准、企业标准相互配套、相互补充的内贸流通标准体系。

> 二、主要任务
>
> ……
>
> （三）加强流通基础设施建设，提升消费供给条件。
>
> ……
>
> 3. 推进流通标准化建设。加强顶层设计和统筹规划，构建国家标准、行业标准、团体标准、地方标准、企业标准相互配套、相互补充的内贸流通标准体系。深入推进商贸物流标准化专项行动，扩大城市和企业试点范围。

七、中央网信办

2017 年 6 月 23 日，中央网信办、质检总局、国家标准委联合发布《“十三五”信息化标准工作指南》（以下简称《指南》），旨在加强统筹协调和顶层设计，加快完善国家信息化标准体系，充分发挥标准对推进技术融合、业务融合、数据融合的引领和支撑作用，提升经济社会信息化应用水平。《指南》包括七部分二十八条内容，在分析信息化标准工作的支撑作用和发展进程基础上，提出了“十三五”时期信息化标准工作的总体要求，从加强标准规划布局、提升标准化基础能力、推动重点领域标准化建设、强化标准贯彻落实和应用推广、拓展国际标准化工作、加强组织实施和保障等方面，提出推进信息化标准工作的具体行动指南。

《指南》提出，到 2020 年，建立起体系清晰、框架合理的信息化标准体系，信息化标准工作机制更加健全，标准科研、创新供给、社会化服务等基础能力大幅提升，信息化标准在引领技术创新、驱动产业发展中的作用得到充分发挥，信息化标准走出去工作取得突破性进展，国际信息化标准规则的制定权和话语权明显提升。为此，提出要强化信息化团体标准的供给能力，开展信息化团体标准试点工作，鼓励有条件的协会、学会、联合会等社会团体根据技术创新和市场发展的需求，协调相关市场主体，自主制定发布团体标准，供社会自愿采用。同时，《指南》要求优化信息化标准管理制度，促进政府主导制定标准与市场自主制定标准协同发展、协调配套，推动优秀团体标准、企业标准转化为地方标准、行业标准和国家标准，并针对数据资源和电子政务领域提出明确要求，开展数据资源语义描述、数据资源目录体系、数据质量管理标准研制，为部门间网络联通、信息共享、业务协同提供标准支撑；扩展和完善会计、审计信息化标准体系，加强会计审计数据接口、计算机会计审计技术、应用支撑和系统运维等标准研制。

八、中国银行保险监督管理委员会

2017 年 12 月 29 日，为发挥标准化对保险业转型升级的支撑保障作用，促进保险标准化工作高效协调、规范有序开展，中国保险监督管理委员会印发了《保险标准化工作管理办法》。该管理办法以保险业标准化工作实际和发展任务为基础，以政府引导、市场驱动，服务大局、立足长远，统筹推进、突出重点为原则，进一步理顺了保险团体标准的机制，划清政府类与市场类标准的边界；明确了保险团体标准各自的管理机制、组织模式及制修订程序；明确了监管机关、保标委、行业社团组织、市场主体等标准化参与方在标准化工作中的职责；规范了各类保险标准实施的一般程序与标准管理的方法。

第四节 各省、自治区、直辖市与团体标准有关的政策

一、陕西省

为培育和指导陕西省团体标准，增强标准的有效供给，2015 年 7 月，陕西省质量技术监督局组织制定了《陕西省团体标准管理办法》。该办法共二十一条，结合陕西省实际情况，对团体标准化工作机制、团体标准制修

订程序及监督反馈等内容进行了具体的指导，为陕西省团体标准工作提供了政策依据。特别是，该办法提出各级标准化行政主管部门应建立激励机制鼓励社会团体积极制定团体标准、鼓励社会团体积极采用国际标准和国外先进标准等措施。

二、广东省

为规范深圳市团体标准管理，更好发挥市场作用，以高标准引领行业高质量发展，提升行业整体竞争力，落实《深圳市人民代表大会常务委员会关于加强深圳经济特区标准建设若干问题的决定》等有关规定，2015 年 12 月，广东省深圳市市场和质量监督管理委员会制定了《深圳市团体标准管理暂行办法》。该办法共五章十八条，规定了团体标准的制修订、声明公开、服务与监督等方面内容。该办法提出鼓励团体以国际一流、行业最高为标杆，建立行业先进标准体系，制定发布团体标准；鼓励团体积极探索标准与研发、标准与业务流程相结合的途径；鼓励团体将团体标准推广作为企业标准；鼓励团体标准转化为深圳市技术标准文件、地方标准、行业标准、国家标准或者国际标准。

三、贵州省

2015 年 10 月，贵州省质量技术监督局印发了《关于做好团体标准工作的通知》。该通知共八条，对贵州省团体标准化工作进行了具体的规范和引导，为引导团体标准化工作健康有序发展提供了政策依据。该办法强调对于实施效果好的团体标准，鼓励转化上升为国家标准和国际标准，并将参照《中共贵州省委 贵州省人民政府关于加强科技创新促进经济社会更好更快发展的决定》中对地方标准补助的规定，给予标准化专项资金补助。

四、四川省

2016 年 4 月，四川省质量技术监督局印发了《关于培育和发展团体标准的实施意见》。该意见共五章二十六条，从团体标准的制修订、推广应用、信息公开和监督管理等方面对团体标准化工作的组织实施给出了指导性意见。该实施意见规定社会团体宜制定团体标准版权政策，社会团体可建立基于其标准的统一认证体系，制定有关认证模式、认证程序、认证标志等一系列认证制度文件和具体项目认证实施规范，便于实施相关认证工作。

2015 年 12 月，四川省眉山市质量技术监督局发布了《眉山市团体标准管理办法（试行）》。该办法对团体标准的统筹管理做了原则性的规定，对团体标准研制的组织备案、团体标准的制定、团体标准的管理提出了规范要求。

五、山西省

2016 年 10 月，山西省质量技术监督局发布了《团体标准培育发展指导办法》。该办法共五章二十九条，对团体标准制修订、培育发展和监督指导等工作进行了具体的规定和指导。该办法鼓励各类标准化研究机构以及专业标准化技术委员会向社会团体提供标准培训、标准编制和标准化咨询等服务，不断提升社会团体的标准化能力。同时，还鼓励技术水平高、实施效果好、取得显著经济和社会效益的团体标准，参与标准创新贡献奖等各类奖项的评比。

六、安徽省

2016 年 7 月 26 日，为推动实施标准化战略，加快完善标准化体系，提升安徽省标准化水平，安徽省人民政府办公厅印发了《安徽省标准化体系建设发展规划（2016—2020 年）》。**从发展目标上，**该规划提出要实现标准体系更加健全，政府主导制定的标准与市场自主制定的标准协同推进、协调配套，在技术发展快、市场创新活跃的领域培育和发展一批具有区域影响力的团体标准，建立以国家标准和行业标准为基础、地方标准为补充、团体标准和企业标准为支撑的先进标准体系。**从主要任务上，**该规划提出要深化标准化工作改革，培育发展团体标准，鼓励具备相应能力的学会、协会、商会、联合会等社会组织和产业技术联盟协调相关市场主体共同制定满足市场和创新需要的标准，供市场自愿选用，增加标准的有效供给；要发挥市场主体作用，鼓励企业和社会组织制定严于国家标准、行业标准、地方标准的企业标准和团体标准，将拥有自主知识产权的关键技术纳入企业标准或团体标准，促进技术创新、标准研制和产业化协调发展；要建立标准分类监督机制，建立以团体自律和政府必要规范为主要形式的团体标准监督机制，发挥市场对团体标准的优胜劣汰作用。**从重点领域上，**该规划提出在工业标准化重点领域——新能源汽车和智能制造，要针对本省汽车产业，培育发展新能源汽车关键零部件、共性技术和工艺等团体标准。在智能制造领域，开展机器人、智能工厂、数字化车间、增材制造等标准研究，制定地方标准或培育发展团体标准。**从重大行动上，**该规划提出要开展消费品安全标准化行动，在重点消费品领域，扶持建立一批团体标准制定组织，整合产业链上下游产学研资源，合力研究制定促进产业发展的设计、材料、工艺、检测等关键共性标准；要开展节能减排标准化行动，创新节能减排标准化管理机制，支持各类社会组织主导或参与国家、行业节能减排标准制修订，加快全省重点节能减排领域地方标准研制工作，鼓励具备相应能力的学会、协会、商会、联合会等社会组织和产业技术联盟制定满足市场和创新需求的团体标准，适时上升为地方标准、行业标准、国家标准乃至国际标准。

七、上海市

2016 年 5 月 6 日，上海市质量技术监督局印发了《关于贯彻〈关于培育和发展团体标准的指导意见〉的实施办法》。**从总体要求上，**该办法确立了上海市团体标准工作的指导思想、基本原则和主要目标。**从主要任务上，**该办法提出建立团体标准化工作机制、加强团体标准化宣传、规范团体标准的制定和登记、建设团体标准信息平台、强化团体标准实施和利用、以团体标准化带动科技创新等措施。**从保障措施上，**该办法提出要加强团体标准化人才培养、健全团体标准的监督机制、加大政策和资金扶持力度、建立团体标准化成果奖励机制等措施。

八、山东省

2016 年 6 月 20 日，山东省质量技术监督局转发了国家质检总局、国家标准委《关于培育和发展团体标准的指导意见》的通知，并结合本省实际情况提出三条意见并要求一并贯彻实施。**一是要高度重视，充分认识发展团体标准的重要意义**。要充分认识团体标准的意义，积极支持相关社团组织开展团体标准工作，对于各科研院所、社会团体提出的标准立项，支持以团体标准的形式发布，为团体标准留出发展空间。**二是开展试点，培育发展一批团体标准典型**。为引领示范山东省团体标准发展，按照《山东省人民政府关于深化标准化工作改革提升“山东标准”建设水平的意见》等文件要求，做好团体标准建设试点示范工作，总结团体标准建设的先进经验，培育发展一批山东省团体标准建设示范单位，引领山东省团体标准发展。**三是优化服务，营造团体标准发展的良好环境**。要做好团体标准建设服务工作。加强宣传，全方位、多渠道、多维度宣传团体标准成果，提升全社会对团体标准的认知度和认可度；加强培训，向社会团体提供人员培训、标准编制、管理服务、信息咨询等服务；加强实施，建立团体标准转化为政府标准的机制，对于可靠、先进、实施效果良好的团体标准优先转化为政府标准；在产业政策制定以及行政管理、政府采购、认证认可、检验检测等工作中，探索建立引用团体标准的机制，鼓励使用具有自主创新技术、具备竞争优势的团体标准。

第二章　团体标准化发展现状

建立信息平台是加强团体标准“服”的重要方面。2016 年 3 月底上线的全国团体标准信息平台（以下简称平台），是我国支撑和服务团体标准化发展的统一平台，如今已经成为我国团体标准化大数据获取、展示我国团体标准化工作发展最新动态的权威窗口。本章从平台上社会团体和团体标准的数量及其发展趋势着手，为读者全面呈现我国团体标准化发展现状。

第一节 社会团体注册情况

一、总体数量

平台于 2016 年 3 月底正式上线运行，截至 2017 年 12 月 31 日，共有 1157 家社会团体在平台注册。其中，已经完成注册的社会团体 1081 家，正在公示的社会团体 76 家，如图 2-1 所示。

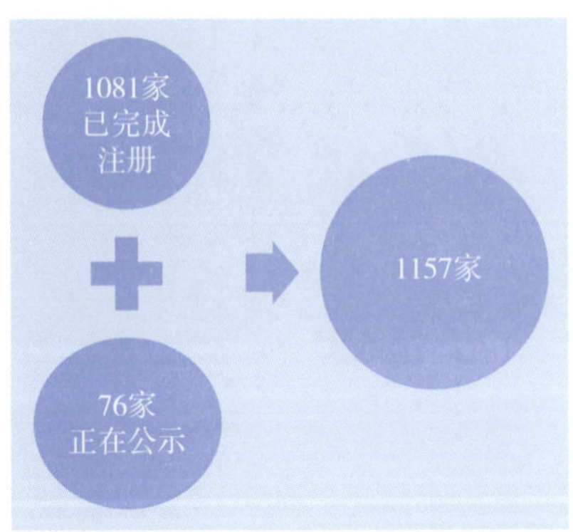

图 2-1　截至 2017 年 12 月 31 日在平台上注册的社会团体情况

2017 年底和 2016 年底平台社会团体总体情况对比如图 2-2 所示。由图可见，2017 年度平台上社会团体较 2016 年度新增 779 家，增幅达 200%。社会团体覆盖省份数量也由 26 个省份增加到 30 个省份。由此可见，我国社会团体的标准化意识逐渐增强，越来越多的社会团体开始开展标准化工作。

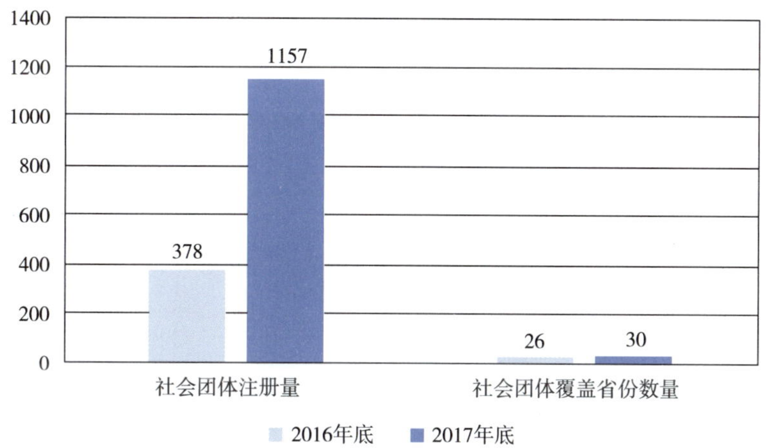

图 2-2　2016 年底和 2017 年底平台上社会团体总体情况对比

二、按地域分布情况

1157 家社会团体按照社会团体法人登记证书的发证机关所在地分布情况如图 2—3 所示。其中，发证机关为民政部的社会团体数量最多，为 355 家，其次为广东省、北京市、浙江省、江苏省、山东省、福建省、辽宁省等 30 个省、自治区、直辖市。详细数据如下：民政部 355 家，广东省 128 家，北京市 84 家，浙江省 77 家，江苏省 66 家，山东省 65 家，辽宁省 57 家，福建省 57 家，上海市 30 家，四川省 27 家，河北省 19 家，贵州省 19 家，吉林省 18 家，安徽省 17 家，河南省 13 家，重庆市 13 家，内蒙古自治区 13 家，湖北省 13 家，云南省 12 家，陕西省 12 家，天津市 11 家，湖南省 9 家，新疆维吾尔自治区 8 家，宁夏回族自治区 6 家，广西壮族自治区 6 家，黑龙江省 5 家，山西省 5 家，江西省 4 家，海南省 3 家，青海省 3 家，甘肃省 2 家。从分布地域上可以看出，我国东部和南部团体标准化发展起步较早，发展速度较快，这些也是我国经济社会发展较为繁荣的地区。中西部地区团体标准化发展起步稍晚，发展速度也相对慢一些。民政部注册的全国性社会团体数量占比约 31%。

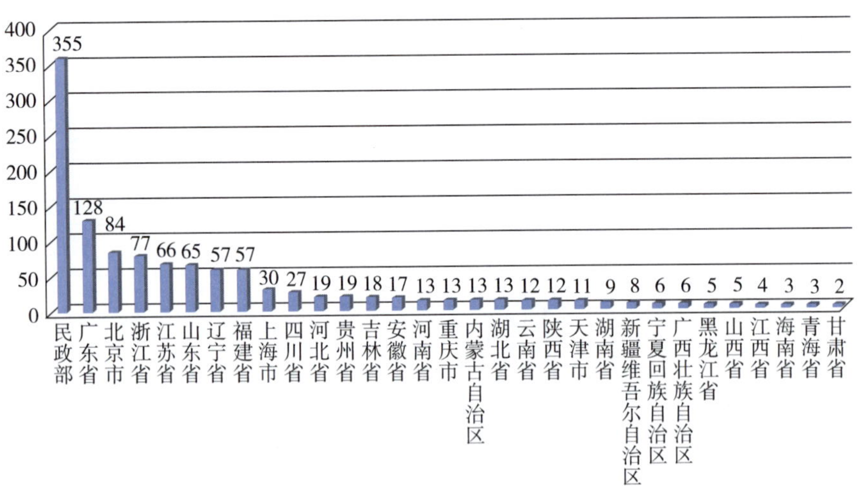

图 2–3　平台上社会团体按地域分布情况

三、活跃情况

活跃团体的排名是在综合考虑社会团体在平台上公布的团体标准数量、发布的新闻及标准化动态（包括团体标准立项、征求意见、标准发布、标准解读等）数量基础上统计得出的。截至 2017 年 12 月 31 日，活跃团体排名前十位如图 2–4 所示。其中，有 5 家社会团体为在民政部登记的全国性的社会团体，其他 5 家分别来自北京市（2 家）、广东省（2 家）和浙江省（1 家）。活跃团体榜上排名第一的社会团体是浙江省浙江制造品牌建设促进会，其法人登记证书所在地为浙江省。浙江省浙江制造品牌建设促进会于

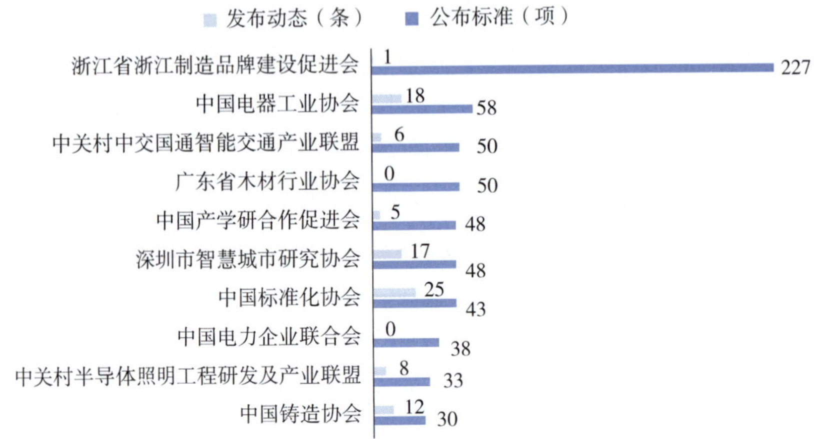

图 2–4　截至 2017 年底平台上活跃社会团体排名

2016年正式成立，它是由浙江省一批行业领先企业、大专院校、科研院所、检测和认证机构共同发起成立的社会组织，是浙江省“浙江制造”品牌建设的重要平台。促进会以“制标准、提质量、施认证、建标杆、树品牌、促转型”为宗旨，以“浙江制造”品牌建设为核心工作，主要负责沟通并有效传递政府主管部门对“浙江制造”品牌建设的要求和建议，协调各成员机构顺利开展“浙江制造”品牌建设各项工作。

第二节 团体标准公布情况

一、总体数量

截至2017年12月31日，社会团体在平台上共计公布2159项团体标准。公布团体标准数量位列前十名的社会团体如图2-5所示。在公布标准数量位列前十名的社会团体中，50%为在民政部注册的社会团体，公布团体标准数量最多的是浙江省浙江制造品牌建设促进会，为227项。

图2-5　截至2017年12月31日平台上社会团体公布标准数量排名

2017年底和2016年底平台上团体标准总体情况对比如图2-6所示。由图可见，2017年度平台上公布的团体标准较2016年度新增1708项，增幅高达 379%。已公布团体标准覆盖省份数量也由 16 个省份增加到 29 个省份。由此可见，从地域和数量上，我国团体标准均获得快速发展，越来越多的社会团体已经制定并发布了团体标准，对团体标准的培育和发展已初显成效。

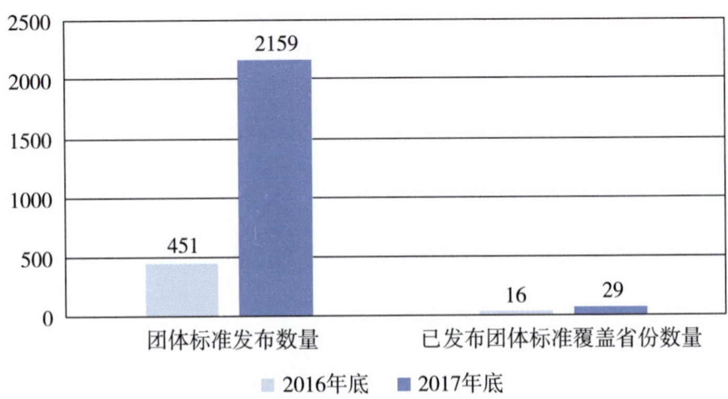

图 2-6　2016 年底和 2017 年底平台上团体标准总体情况对比

二、按国际标准分类分布情况

社会团体公布的标准按国际标准分类分布情况如图 2-7 所示。这些团体标准主要分布在社会学、服务、公司（企业）的组织和管理、行政、运输，信息技术、办公机械，食品技术，电器工程，环保、保健和安全等领域。

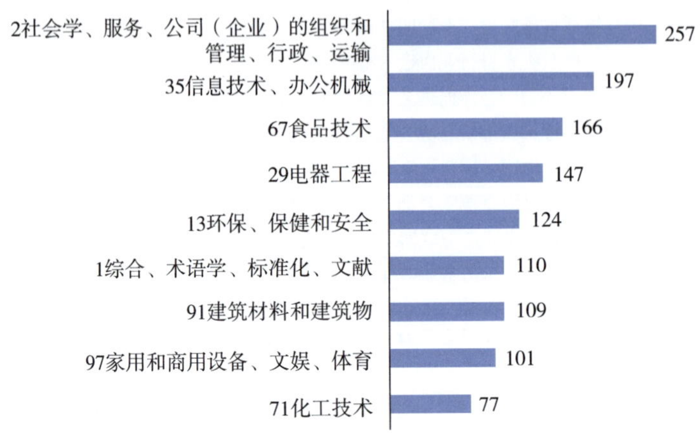

图 2-7　平台上团体标准按国际标准分类分布情况

三、按国民经济行业分布情况

社会团体公布的标准按国民经济所属行业分类几乎涵盖了所有国民经济行业。具有代表性的主要有制造业，农、林、牧、渔业，信息传输、软件和信息技术服务业，科学研究和技术服务业，建筑业等行业，见图2-8。其中，43.1%分布在制造业。

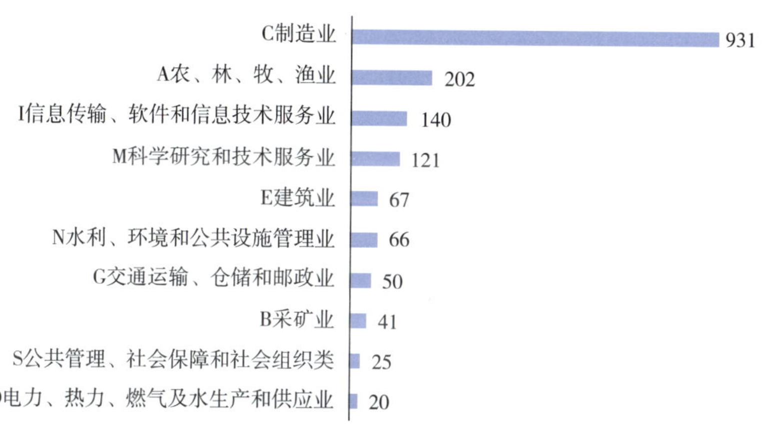

图2-8　平台上团体标准按国民经济行业分布情况

四、按地域分布情况

截至2017年底，平台上公布的2159项团体标准按照法人登记证书的发证机关所在地分布情况如图2-9所示。其中，34.83%分布在于民政部登记的社会团体，其次为在浙江省、广东省、北京市、辽宁省、山东省、江苏省、贵州省、新疆维吾尔自治区、四川省、福建省等29个省、自治区、直辖市登记的社会团体。具体数据如下：民政部752项，浙江省306项，广东省261项，北京市180项，辽宁省115项，山东省86项，江苏省83项，贵州省56项，新疆维吾尔自治区52项，四川省39项，福建省38项，云南省30项，湖北省23项，吉林省19项，上海市12项，天津市12项，陕西省11项，广西壮族自治区11项，内蒙古自治区11项，重庆市10项，河南省9项，河北省8项，湖南省8项，黑龙江省8项，安徽省6项，宁夏回族自治区5项，江西省3项，甘肃省2项，青海省2项，山西省1项。

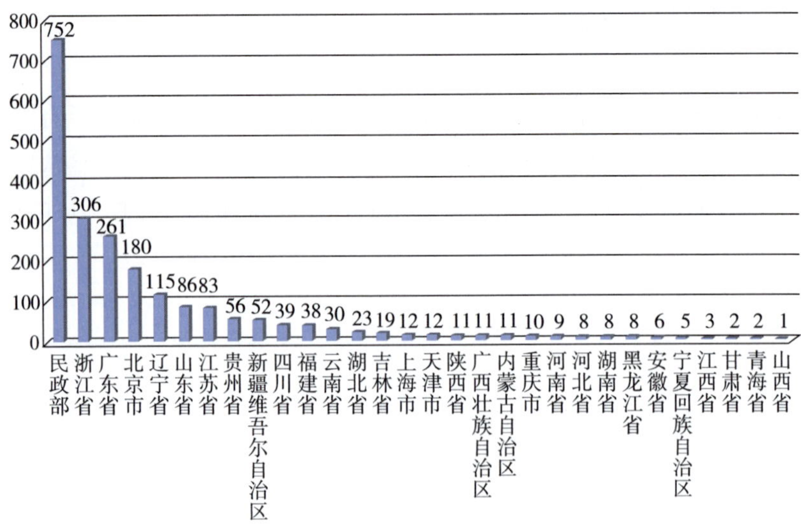

图 2-9　平台上团体标准按地域分布情况

五、小结

自 2016 年 3 月底平台上线以来，从平台数据来看，我国团体标准蓬勃发展。从地域上，社会团体和团体标准几乎覆盖了全国所有省、自治区、直辖市。从数量上，社会团体和团体标准数量均有大幅增长。2017 年度平台社会团体及团体标准发展趋势如图 2—10 所示，平均每月平台新注册社会团体 65 家，新公布团体标准 142 项。综上所述，在国家团体标准政策的培育和引导下，我国团体标准发展已渐成声势。下一步，平台将持续完善，进一步支撑我国团体标准化工作健康、规范、可持续发展。

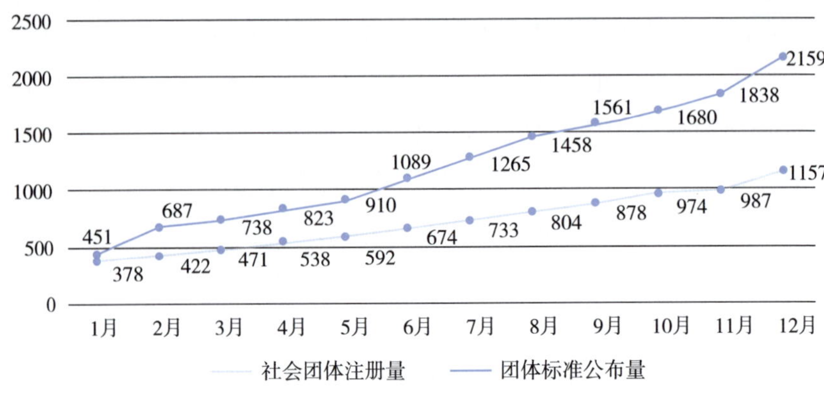

图 2-10　2017 年度平台社会团体及团体标准发展趋势图

第三章 团体标准化活动管理运行

团体标准化活动遵循着一定的运行规律和行为准则，每一个社会团体开展标准化活动，都必须遵循一定的管理运行规则，如团体标准制定程序、知识产权管理政策、团体标准推广应用措施、申诉机制、与其他标准化机构标准化活动的联络协调机制等。本章选取10家典型社会团体，分别介绍其团体标准化管理运行机制的特色和亮点，以期为众多社会团体开展团体标准化活动提供借鉴和参考。

第一节 中国铸造业团体标准夯实基础 砥砺前行 创新发展

中国铸造协会（社会团体代号：CFA）成立于1986年，是全国铸造企业、地方社团组织及与铸造业务有关的企业、研究设计院所、大专院校等自愿结成的经国家民政部登记注册的国家一级铸造行业组织（社团法人），隶属于国务院国资委。中国铸造协会具有调查研究、政策建议、组织协调、信息引导、咨询服务、维护权益、行业自律及教育培训等职能。

团体标准是市场主导产生的标准，培育发展团体标准，是贯彻落实十八届三中全会关于发挥社会组织作用、加强社会治理和激发市场主体活力，更好地发挥市场在标准化资源配置中决定性作用以及深化标准化改革增加标准的市场供给的需要。六年来，在国家标准化改革政策的引导下，中国铸造协会不断摸索团体标准发展模式，遵循并拓展建立了以行业、企业市场需求为突破点，以各分支机构为抓手，以协会专家团队为支撑，以服务行业为目的的工作机制（见图3–1）。

（一）做好顶层设计，建立发展工作机制

把建立相关标准工作制度列在标准化活动之首位，配套规范的常态化工作管理机制。建立了宏观上既能覆盖全行业，微观上又能充分体现深化细化标准化改革的中国铸造协会“1+N”团体标准体系，让各分行业标准体系既是中国铸造协会标准委掌握全行业标准化工作的纲领性指导文件，又延伸了中国铸造协会标准化工作的网络化，促进了标准深入实施；既更有效地提升

中国铸造业标准体系的执行力，实现全覆盖网络式的推进工作团队，也助力各分支机构充分发挥各工作层面的功能和专业特点开展标准化活动。

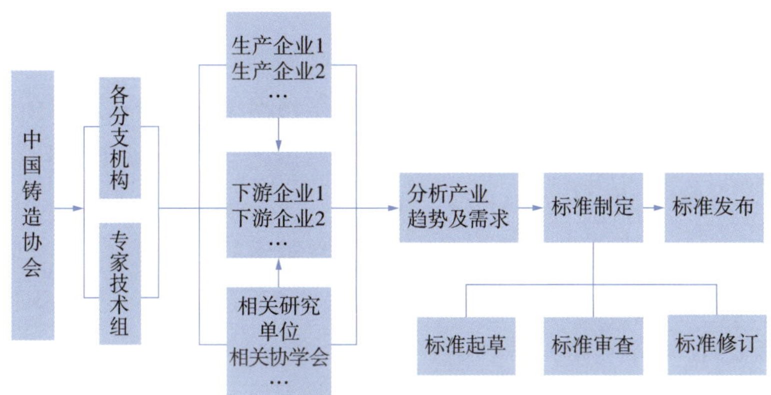

图 3-1　中国铸造协会标准制修订运行模式

以企业需求为突破点，即将团体标准的制修订权放给市场，交给企业；组织大量利益相关企业开展专、精、特、新标准的立项和编制工作；互相监督和促进，互为上下游，跨分支参与，保障标准公平、公正、公开。

以行业为突破点，即将引领行业规范、有序、绿色发展为导向，以标准化 + 环境、标准化 + 智能、标准化 + 国际化、标准化 + 全生命周期服务为宗旨，开展互联互通，互利互赢，全面协同发展。以专家团队为支撑，既针对专业性标准技术参数提供专家级专业研讨、论证指导，提升标准质量和水平。

三位一体的工作机制真正保障了标准达到满足市场急需、规范市场行为之目的。

（二）拓展合作平台，开展协会间战略合作，促进标准互联互通，助力产业协同发展

吸纳铸造产业领域中各联盟、各产业链中的协（学）会、企业或高校、科研机构与自然人和上下游产业链的专家和标准化人才，协调并整合铸造上下游产业和资源，提升铸造标准化整体水平，以进一步全面提高产业发展质量，加快行业转型升级的战略行动，促进质量提高和发展核心竞争力，共同提升在相关领域的研究、开发、制造及服务水平。在共享、共建中向全国输出技术、质量、产品、安全、环保、管理和工作等标准及相关服务，

促进我国铸造业全面升级发展。

（三）逐步提高中国铸造业团体标准的有效性和国际影响

加速团体标准与国际接轨。中国铸造协会不断争取在国际标准制定中的话语权，并围绕“一带一路”开展了一系列深度国际合作：成立“一带一路”工商协会联盟铸造业工作委员会，与沿线65个国家中的13个有铸造组织的国家搭建了相互对接与合作平台，建立起较为完善的海外行业工作体系，宣传和扩大我国铸造业团体标准在国际上的影响力，建立联动机制以及双边、多边合作机制，推进多层次、多渠道的合作，为中国铸造企业走出去铺“标准”路、搭“质量”桥。

（四）宣传推广团体标准，让团体标准深入人心

多元化宣贯和推广团体标准。如中国铸造协会年会、40个分支机构的年会；中国铸造协会核心期刊和网站、全国团体标准信息平台、中铸云商网站、微信、《中国工业报》《中国铸造业标准》电子期刊等；论文、解读、图片、广告等表现形式。

（五）标准化人才培训

重视培训标准基础知识、标准制修订程序、标准编写规范等相关知识，培养标准化人才，提升标准编制质量和工作规范性与效率。注重积累分支机构的标准制修订经验，通过互通活动，开展点带面的相关培训，推动各分支机构的标准化工作。

（六）积极参与国家标准委组织的各项活动，接受标准工作监督和指导

近些年来，在国家标准委和中国标准化研究院的关心和指导下，中国铸造协会顺利且超额完成了试点任务，建立与国家标准化新型体系及市场相适应的中国铸造协会标准体系，团体标准化工作开展步入规范，标准化工作在大踏步地前进。

新《标准化法》的实施更加助力中国铸造协会团体标准的发展，促进铸造业高质量发展；不但强化了标准化法治意识，也深化了标准工作的管理，推动中国铸造协会团体标准化工作更加开放、共享。

中国铸造业团体标准将遵循法律的规则，不忘初心，承载前行，提升标准与产业发展的结合度，发挥基础性、战略性作用，向“一带一路”、向全球拓展中国铸造业标准体系在市场主体中的主力军作用，延伸团体标准全生命周期服务，在供给侧结构性改革的浪潮中扬帆远航。

第二节 走在标准化改革前沿　引领信息通信标准化创新发展

中国通信标准化协会（简称通信标协；社会团体代号：CCSA）成立于2002年12月22日，是经国家标准委同意、信息通信行业主管部门批准、在国家民政部注册登记的开展通信技术领域标准化活动的非营利性法人社会团体。其网络平台是我国信息和通信技术（ICT）领域国家标准和行业标准的主要工作平台。其会员单位广泛包括基础电信运营企业、互联网服务企业、设备制造企业、标准化研究机构、设计单位、高等院校、社会团体等近500家。通信标协按照公开、公平、公正和协商一致的原则，建立完善了以政府为主导，企业为主体，市场为导向，产、学、研相结合的标准化工作机制。同时通信标协还积极参与构建国际标准化合作生态体系，积极参与国际标准化合作，产生了大量的合作成果，大大提升了我国在国际信息通信领域的标准化话语权。通信标协的工作机制与发达国家标准化组织运作机制基本一致，经过15年的努力，通信标协已经在国内建立起支撑政府、服务行业的信息通信标准化工作平台，成为全球信息通信标准化领域拥有较大影响力的标准化组织。

通信标协成立之初，主要是承担国家标准和行业标准的制修订归口工作，随着信息通信技术的发展对标准化需求的增加，通信标协从2012年开始“协会标准”的制定工作，目前已发布百余项“协会标准”（团体标准）。随着2015年国家标准化改革的全面开展，通信标协成为首批39家团体标准试点单位之一。按照国家标准化改革的要求以及ICT技术融合发展的产业需要，通信标协对协会标准的定位重新进行了审视，进一步明确了协会标准更加强调标准的实施价值和市场需求，紧密围绕五个“面向”，积极开展信息通信技术领域的团体标准化工作。

——**面向**填补国家标准和行业标准空白，如在宽带物联网（NB-IoT）、电信网络和业务安全防护与检测等方面，利用团体标准制定发布周期短的特点，及时制定行业管理急需标准，并根据标准实施效果做进一步完善，为团体标准转化为国家标准和行业标准奠定基础；

——**面向**技术创新和产业发展需要的新兴技术领域，如物联网、云计算、智慧城市等领域，利用团体标准快速响应的特点，提高标准服务技术创新和产业发展的能力；

——**面向**“互联网＋”、智能制造等跨界融合领域并支撑其他行业的标准化需求，通过网络基础设施的增强和演进，提升通信服务能力，向其他行业提供信息化服务，助推传统行业转型升级；

——**面向**国际技术热点和重点领域标准同步研究，如在物联网领域，同步物联网领域国际标准化组织（OneM2M），同步推出系列物联网团体标准，在国内相关产业链进行推广应用；

——**面向**支撑 ICT 行业联盟、论坛的标准化需求，与相关社团组织积极合作开展团体标准化工作，通过团体间的合作以及统一标准平台，促进团体间的协作共赢。

正是因为通信标协对于团体标准的准确定位，使得通信标协协会标准产生了较好的影响力，在工业和信息化部 2017 年开展的“百项团体标准应用示范项目”评选活动中，通信标协协会标准入选了 24 项。

在团体标准运行与管理方面，通信标协以协会章程为宗旨，制定标准战略，每年编写标准指南，建立可持续发展的标准体系；贯彻国内标准与国际标准相互促进、共同发展的方针，积极参与各国际 / 地区性标准组织标准制定和活动；与相关论坛联盟有机结合，分工合作。为实施科学化、民主化、制度化、规范化的管理，通信标协制定了标准制修订工作程序、质量要求、起草组要求、技术委员会（TC）组织管理办法、知识产权（IPR）政策等 40 多项各类管理办法和工作文件，遵循公平、公正、公开和协调一致的原则开展各项标准化活动。通信标协建立了一支来自会员单位的、经过选举产生的 300 余人的主席 / 副主席、组长 / 副组长技术骨干队伍，负责组织通信标协标准技术活动，每年组织标准技术论坛、头脑风暴、征求意见、国际交流等会议 100 多次。

第三节
专注于网络安全技术　建设国际标准产业共同体

一、WAPI 产业联盟团体标准化活动概况

成立于 2006 年 3 月 7 日的中国计算机行业协会无线网络和网络安全接入技术专业委员会（简称 WAPI 产业联盟；社会团体代号：WAPIA）是国内首家专注于无线网络和网络安全，且目前最具规模的产业联盟，是国家首批 39 家团体标准试点单位之一，是国家网络安全防御产业技术基础设施——无线网络安全技术国家工程实验室的发起单位，是国内首家自成立之日起秘书处采用专职人员、不依托任何单位独立运作的新型社会组织和协同创新载体。

十余年来，WAPI 产业联盟专注于无线网络安全领域技术标准和产业化工作，推动我国自主可控的网络安全技术——三元对等（TePA）网络安全技术架构在网络安全中的发展和应用，为网络安全构建立体化、可持续演进的标准体系和健康的产业生态，为我国信息安全、应用安全、网络安全以及网络空间安全的建设贡献力量，进而形成了提升我国对网络空间的国际话语权和规则制定权的重要实践。

WAPI 产业联盟成立以来，一直以标准化为整体工作的重要抓手，从 2007 年起，即开始了联盟标准的“先行先试”。2015 年，WAPI 产业联盟成为国家标准委首批团体标准试点单位。

在 WAPI 产业联盟和各方的共同努力下，截至 2017 年 12 月，WAPI 产业联盟已累计发布无线网络安全领域团体标准 57 项，基于团体标准的提案，形成 ISO/IEC 国际标准 12 项，国家标准 32 项，国家军用标准 4 项，行业标准 6 项，为构建基础共性的网络安全架构体系提供有效支撑。在标准的产业转化方面，WAPI 已经成为全球无线局域网芯片的标准配置，截至 2017 年底，相关芯片已达 350 多个型号，全球累计出货量超过 83 亿颗；网络侧设备达到 4000 余款，累计出货量超过 2500 万台 / 套；WAPI 智能移动终端（包括手机、平板电脑、笔记本、可穿戴等）累计达到 10940 款型

号，累计出货量超过 30 亿部。在标准推向市场应用方面，电信运营商已将 WAPI 作为集采网络设备支持的基本功能，除公共无线局域网络外，WAPI 在海关、政务、金融、电力、医疗、教育等诸多行业得到应用。

二、结合国家标准化工作大政方针，持续完善制度与机制建设

2015 年 6 月以来，WAPI 产业联盟依循 GB/T 20004.1《团体标准化 第 1 部分：良好行为指南》要求，结合过去十年标准化工作实践经验，持续健全团体标准化相关制度，完善了团体标准化工作机制和工作文件体系，进一步保障联盟标准化工作公平、公正、公开地开展。

在制度建设方面，WAPI 产业联盟根据联盟标委会导则以及无线网络和网络安全标准体系框架设计进一步完善标准化文件体系。WAPI 产业联盟严格执行《团体标准化　第 1 部分：良好行为指南》的各项规定，秉持开放、公平、透明、协商一致、促进贸易和交流的团体标准化原则，根据《国家标准化体系建设发展规则（2016—2020 年）》《深化标准化工作改革方案》、新《标准化法》《全国专业标准化技术委员会管理办法》、全国标准化工作会议等国家标准化大政方针的要求和精神，结合 WAPI 产业联盟团体标准化工作的实际情况，相继制定并完善了《标准制修订规则》《知识产权政策》《标准体系规划》《国际标准化工作指南》《无线网络安全标准化委员会导则》等体系文件，从组织管理、标准制修订流程、发展规划等方面规范团体标准化工作，接受联盟成员与社会各界监督。

在组织建设方面，WAPI 产业联盟严格按照《WAPI 产业联盟标准化工作管理办法》和相关管理制度，管理各下设组织（包括工作组、项目组、任务组、研究组）工作流程及进展，保证各下设组织的活力，并及时根据下设组织工作实际开展情况调整组织架构，成立、撤销、合并下设组织。

在运行机制方面，WAPI 产业联盟进一步完善并严格执行联盟及标委会《联盟标准化工作管理办法》《联盟团体标准制修订程序》等各项制度、决策，合理、定期召开标委会委员会、项目集中讨论会等相关会议。在实际工作开展过程中，WAPI 产业联盟不断总结经验，发现不足，贴合实际工作需求，对制度细节提出更新补充，按规定程序审批后执行；规范开展各项工作。比如按照《联盟标准化工作管理办法》，严格推进每年 4 次工作会议

按期召开，按照内部管理制度并参考国际标准化会议程序组织会议，确保各项议题高效、充分讨论，以及后续执行。

在对外宣传方面，充分发挥 WAPI 产业联盟的平台优势，联结产业和公众，及时报道各项重大事项及活动。随着无线网络安全团体标准制修订及其示范推广，WAPI 产业联盟的团体标准工作成果被业界和媒体广为关注，仅以 WAPI 产业联盟参与的物联网安全协议关键技术 TRAIS-X 成为 ISO/IEC 国际标准新闻传播为例，中国政府网、新华社在显著位置发布了相关消息，人民网、中国网、中国电子报、通信世界、新浪网、凤凰网等数十家权威媒体均同步发布了相关报道。其他综合及行业、地方媒体纷纷转载。新华社等媒体详细介绍了 TRAIS-X 的作用、特点及开发情况，并评价："本次获国际标准技术规范采纳并发布，是我国在全球物联网关键核心技术领域的又一重大突破。"截至 2017 年 11 月 6 日，百度搜索引擎依据关键词搜索结果已达 43300 余条。

除此以外，WAPI 产业联盟还充分利用多种宣传平台，通过网站、微信、政府专报等方式，通报标准化工作进展，产业政策，专家观点等综合信息，收到良好反响。2017 年一年，WAPI 产业联盟共发布标准化及相关工作报道百余条。

三、推动正在进行的标准化项目，严格进度管理，确保标准质量水平

我国自主创新的三元对等安全架构体系下的技术标准，具有基础性、前瞻性和可扩展性的特点，标准的质量要求高，对于产业和国家的发展又不可或缺。因此，WAPI 产业联盟推进团体标准，不仅注重标准的理论严密性、架构合理性和技术先进性，而且关注标准与市场的结合，致力于将产业需求及时转化为标准化动作，帮助成员群体在市场竞争中获得先机。

在推动正在进行的标准化项目中，WAPI 产业联盟一是做好内部正在制定的团体标准相关研制和审查工作；二是按照外部组织的流程要求，保质保量地完成提交至外部组织的标准项目文本及相关材料；三是及时组织专家参加国际会议，推进国际标准提案的进程。

在标准协同创新工作中，WAPI 产业联盟与 ISO/IEC JTC 1/SC 6 中国

对口委员会、工业和信息化部宽带无线 IP 标准工作组等标准化组织及无线网络安全技术国家工程实验室等机构和单位密切合作，整合产、学、研、用方面的优势专家资源，依托“产品方案组”和“标准项目组”协同工作机制，形成了技术标准、产品验证同步进行，立足产业、标准引领，互为促进、和谐发展的模式，推动标准应用与技术进步的相互促进。从标准立项、制定以及后续的实施全过程综合考虑技术发展动态和趋势、行业整体水平、推广应用等情况，确保标准在制修订之后能够真正实施，促进 WAPI 产业联盟开展更多团体标准制修订，从而形成良性发展。

四、加强已发布标准的实施推进，提升已发布标准的易用性，进一步扩大标准实施范围

为确保标准化工作持续有效地服务市场需求和社会，WAPI 产业联盟进一步加强了标准实施的推进工作，通过开展宣贯培训、组织开展标准应用情况调查评估等活动，掌握标准的科学性和适用性情况，及时跟踪实施效果并制定相应的推进策略。WAPI 产业联盟的宣贯培训主要有三个目的：一是强化团体标准在 WAPI 产业联盟内部的实施，提升成员的标准转化能力，树立一批标准实施示范项目；二是推动团体标准被其他标准组织和社会团体的采用；三是通过标准的研讨、宣贯和培训，建设、壮大 WAPI 产业联盟的标准化人才队伍。

五、建立与外部组织的联络关系，构建可持续发展的标准化生态网络

WAPI 产业联盟积极促进沟通联络，与工业和信息化部宽带无线 IP 标准工作组、ISO/IEC JTC 1/SC 6 中国对口委员会等国内其他社会团体、标委会互派联络员，促进标准应用和避免标准化工作重复。强化 WAPI 产业联盟与国际的对话与联络，与国际标准化组织，例如 ISO/IEC JTC 1/SC 6、SC 27 及欧洲信息和通信系统标准化协会（ECMA），建立长期稳定的联络关系。

第四节
闪标准创新之光　联世界产业未来

北京市闪联信息产业协会（以下简称闪联；社会团体代号：IGRS）是孵化于中关村、立足于中关村、辐射全国乃至全球的标准组织和产业团体，致力于 IGRS 标准的制定、推广和产业化。

2003 年 7 月，闪联标准工作组在信息产业部支持下，由联想、TCL、康佳、海信、创维、长虹、长城、中和威八家大企业联合发起成立，中文简称闪联，英文缩写为 IGRS。2005 年 5 月，在中关村管委会支持下，闪联信息产业协会成立。

信息设备资源共享协同服务标准（Intelligent Grouping and Resource Sharing），即闪联（IGRS）标准，是新一代网络信息设备的交换技术和接口规范，在通信及内容安全机制的保证下，支持各种 3C（computer, consumer electronics & communication devices）设备智能互联、资源共享和协同服务，实现“3C 设备＋网络运营＋内容 / 服务”的全新网络架构，为未来的终端设备提供商、网络运营商和网络内容服务提供商创造出健康清晰的赢利模式，为用户提供高质量的信息和娱乐服务。

IGRS 标准于 2005 年 6 月正式获批成为国家推荐性行业标准，成为中国第一个“3C 协同产业技术标准”。2007 年 2 月，IGRS 标准被住房和城乡建设部采纳为建筑及居住区数字化技术国家标准。2010 年 2 月，IGRS 标准由 ISO 中央秘书处正式发布，成为全球 3C 协同领域的第一个国际标准。2012 年 2 月，国际标准化组织（ISO）、国际电工委员会（IEC）分别通过其官方网站向全球正式发布了《音视频应用框架》《基础应用》《服务类型》和《设备类型》等 4 项国际标准，加上之前发布的《基础协议》《文件交互应用框架》和《设备验证》等 3 项国际标准，闪联 1.0 全部 7 项标准成为中国 3C 协同领域首个完整 ISO 国际标准体系，并通过 ISO 在其官方网站发布。

闪联始终坚持“公平、开放和兼容”的合作模式，与国内外重要标准组织建立了紧密的联系和合作，推动 IGRS 标准的国际化步伐。闪联以产业化为驱动，以市场化为导向，是国内标准建设中产业化步伐进展最快、取得成果最多的标准组织。闪联已经拥有国内发明专利 240 项，软件著作权 7 项，国际发明专利 48 项。目前，闪联会员厂商已有电脑、笔记、电视、手机、投影仪、高清网络播放机、下载盒、无线连接器等 20 余种基于闪联标准的产品上市销售，各类闪联产品销量已超过 1000 万台，直接创造经济效益 22.8 亿元。

尽管早期闪联的工作中没有出现“团体标准”这个名词，但是闪联始终围绕着产业集群中的会员需求，组织产业力量，制定闪联标准。闪联还在积极推动将标准的工作成果引入到信息设备互联的产业发展中去，以技术产业发展引导标准的制定，以标准的制定带动产业的发展，构筑围绕标准的良好成熟的产业链条和完整的标准化生命周期，并取得了大量的成果，基于闪联标准的产品已经有电视机、机顶盒、投影仪、音响、芯片等 40 余大类，上百种产品、5000 多万台投入市场，直接创造经济效益超过 30 亿元，获得了较大的市场影响力。

然而近年来，随着信息技术的飞速发展，移动互联网和智能终端市场的快速发展，闪联参与的国家和行业标准工作逐渐与快速发展的技术和市场出现了脱节。为了更好地服务于会员，服务于信息设备互联产业的发展，闪联认真研究了国际上 IEEE、UL、W3C 等先进的标准化团体的工作思路和工作方式，通过接待、走访和邮件的方式与相关的标准开发组织的专家进行了沟通，了解了他们的团体标准开展情况。

在此基础上，闪联确定了开展团体标准工作的基本方向，并较早地开展了具体的标准化工作，下面是闪联开展团体标准工作的历程：

（一）2010 年 10 月：闪联开始了团体标准研究项目，组织项目组对国内外信息电子领域的团体标准发展情况进行了预研；项目组经过半年的调研，认为闪联作为国际化工作比较突出的信息技术产业技术联盟，开展闪联团体标准制定和发布工作是有必要性和可行性的。

（二）2011 年 11 月：在国家标准委的邀请下，闪联的代表参加了在海南省三亚市举办的《中欧标准化工作组会议》。在会上，闪联向中欧标准化管理机构的领导汇报了闪联在团体标准工作上的进展和成果。

（三）2012 年 4 月：闪联组织内部的技术专家、知识产权专家和标准化运营专家，共同制定完成了《闪联联盟团体标准化体系》系列文件的第一版，并开始在闪联内部征求意见。

（四）2013 年 3 月：闪联秘书处收到 4 项闪联团体标准立项申请建议书。这 4 项标准分别是《信息设备资源共享协同服务 基础协议》《信息设备资源共享协同服务 音视频应用框架》《信息设备资源共享协同服务 远程用户界面》和《信息设备资源共享协同服务 智能音频互连协议》。

（五）2013 年 7 月：按照已发布的《闪联联盟团体标准化体系》的规定，前三项标准通过闪联专家评审，正式由闪联秘书处发布为闪联联盟团体标准，标准号分别为：IGRS 0001.01、IGRS 0001.02 和 IGRS 0002.01。同时闪联还在青岛举行了隆重的联盟团体标准发布仪式，对在这三项联盟团体标准制定中做出贡献的专家进行了表彰。

（六）2013 年 12 月：在北京发布了第四项 IGRS 0003.04《闪联智能音频互连协议》，同时对参与标准制定的 11 家企业进行了表彰；2014 年 1 月：符合《闪联智能音频互连协议》的产品原型出现在美国 CES 展上。

（七）2015 年 4 月至 2016 年 1 月：闪联参加了 GB/T 20004.1《团体标准化 第 1 部分：良好行为指南》国家标准的制定工作，承担了“第 5 章：组织管理”工作组的组织领导工作。

（八）2015 年 6 月：闪联被国家标准委认可为国家团体标准首批试点单位。

（九）2015 年 10 月：闪联与国家半导体照明工程研发及产业联盟等团体合作制定的《智能照明 体系架构与参考模型》草案召开了专家会，拟定联合发布此团体标准。

（十）2016 年 12 月：中关村标准化协会发布首批中关村标准，闪联主导制定的《信息设备资源共享协同服务多模态无线组网标准 第 1 部分：基础协议》（T/ZSA 6001.01—2016）发布，成为首批中关村标准。

（十一）2017 年 10 月：闪联主导制定《信息技术 信息设备资源共享协同服务 基于云端管理框架的蓝牙智能锁》团体标准，并通过中关村标准化协会的评审，年底一并发布成为中关村标准之一。

截至目前，闪联共发布团体标准 10 项和中关村标准 2 项。闪联借助标准化改革的发展趋势，发挥团体标准的灵活快速的运作模式，积极开展闪联国际标准、国家标准和团体标准的制定工作，基于完备的闪联标准体系建设“闪联国家工程实验室模组应用服务平台”，将围绕技术标准和服务体系，构建感知、互联和智能的万物互联的产业生态。

第五节 完善规章制度　实现智能交通科学管理

为了提高中关村中交国通智能交通产业联盟（以下简称联盟；社会团体代号：ITS）成员参与制定团体标准的积极性，规范团体标准制定程序，助力团体标准向行业标准、国家标准、国际标准的转化，扩大团体标准在行业中的影响力，经过长时间不断探索，联盟在内部形成并实施了一套行之有效且富有联盟特色的标准活动管理运行办法——《中国智能交通产业联盟标准化活动管理运行办法》（以下简称《联盟标准化活动管理办法》）。该管理办法采用章程规范、成员自发、联盟协助的一体化运行管理机制。联盟成员在标准管理办法、项目管理办法、知识产权政策等一系列章程规范管理下，自发组织标准活动，联盟秘书处负责协助。自《联盟标准化活动管理办法》实施后，联盟迅速发展壮大，会员单位数量快速增加至近 200 家，遍及电子地图、汽车制造、移动通信、集成电路、互联网络、小额运输、物流运输等领域。联盟成员单位积极参与团体标准活动，成果显著。到目前为止，联盟共发布团体标准 92 项，其中 1 项团体标准已转化国际标准并正式发布，实现了中国在智能交通领域国际标准中零的突破，把中国智能交通产业推向国际。

一、标准提案立项流程

为了完善联盟团体标准制定流程、避免团体标准重复制定、防止团体标准中途废止、提高团体标准质量，联盟制定了一套完整的标准提案立项流程，并在实践过程中不断地进行调整、完善，具体如下：

（1）工作组组员向秘书处提出新标准提案建议，并提交标准建议书；

（2）秘书处提交至工作组组长，组长安排新提案单位在工作组季度会议上表述标准提案可行性报告；

（3）工作组组长组织工作组内部成员进行评估；

（4）标准提案在联盟网站工作组专区上进行公开投票；

（5）具有投票权的组内成员公开投票，赞成票大于组内有投票权的所有成员人数 2/3 以上的，准予立项，赞成票小于 2/3 的，不得立项，秘书处汇总意见后，反馈提案成员，修改立项建议书；

（6）秘书处再次组织网上投票，二次投票不通过不予立项；

（7）通过投票的标准提案，秘书处协助完成征集参与单位，组成标准项目组，标准牵头单位按计划进度组织标准讨论并完成标准最终稿，提交至秘书处。

二、知识产权管理政策

联盟主要是通过制定《中国智能交通产业联盟产权政策》（简称《联盟产权政策》）的方式进一步保护联盟成员单位的合法权益，避免纠纷。《联盟产权政策》规定了中国智能交通产业联盟制定、修订 C-ITS 标准过程中以及产生的标准在实施过程中所涉及的知识产权事宜的处理规则，通过对专有名词的定义明确了“必要权利要求”“专利”“规范性引用文件”等词所包含的含义。除此之外，该政策还对提案、专利性技术、成员权利、商标、著作权、许可义务的存续等做了详细的规定和说明。

三、创新性探索性内容

（一）标准实施评价

为更好地掌握团体标准实施工作成效，探索建立团体标准实施信息反馈机制，鼓励联盟成员以高标准、严要求开展标准化工作，联盟启动了对团体标准的实施效果评价这一创新性举措，主要围绕标准解决的主要问题、关键创新点，标准的开放性、先进性、实用性，标准的工程应用案例，标准实施产生的经济效益、社会效益，标准采用先进研究成果和自主知识产权情况、关键技术指标合理性分析、国内外标准对比、标准开展测试检测认证等内容进行综合评估。

通过开展标准实施评价，联盟成员可以及时了解掌握团体标准实施工作成效，了解制定的标准在产业化中所起到的积极作用和不足之处，为后续的团体标准完善，以及团体标准转化为行业标准、国家标准、国际标准打下基础。

（二）标准资助

为了充分调动联盟成员单位制定团体标准的积极性，鼓励、支持联盟成员单位参与团体标准、地方标准、行业标准、国家标准、国际标准的制定工作。联盟制定了一套富有联盟特色的《中国智能交通产业联盟标准发展资金管理办法》，对已完成团体标准，以团体标准为基础制定地方标准、行业标准、国家标准以及国际标准的牵头单位或个人进行资助。为了鼓励、支持联盟成员积极参加国际标准化工作，联盟组织国际标准专家参加国际标准化组织智能运输技术委员会的技术交流，并进行资金支持。

通过该标准资助激励措施，有效提高了联盟成员参加团体标准制定以及国际交流活动的积极性，加强了联盟成员单位与国内外的合作交流，帮助成员及时了解国内外相关领域最新研究成果以及行业动态。

（三）先进单位和个人评选、奖励机制

在联盟理事会等多方努力支持下，共同起草并实施了《中国智能交通产业联盟先进单位和个人奖励办法 评选方案》。该评选方案主要从指导思想、奖励范围、奖励的方式、奖励原则、奖励程序、奖励标准等多个方面规范先进单位和个人评选及奖励办法。

通过该先进单位和个人评选奖励机制，充分调动了联盟成员工作主动性、积极性，进一步加强了联盟成员队伍建设，提高了整体工作水平，建立和完善了联盟成员激励机制，构筑了联盟人才优势。

第六节
标准化引领行业贸易促进工作

中国国际贸易促进委员会商业行业委员会（简称中国贸促会商业行业委员会；社会团体代号：CCPITCSC）成立于 1988 年 8 月，是中国贸促会批准国家商业部成立的全国性行业贸促机构。近年来，中国贸促会商业行

业委员会围绕商品生产、商品流通和服务业领域积极开展标准化工作，形成了标准化政策研究服务、“新服务、新技术、新商品”的团体标准制定服务、标准化普及教育服务和服务贸易标准化专业平台运营服务的综合标准化服务体系。

一、团体标准制定程序

2016年6月，为规范开展中国贸促会商业行业委员会团体标准工作，明确中国贸促会商业行业委员会行业部承担标准化工作职责，中国贸促会商业行业委员会制定并颁布《中国国际贸易促进委员会商业行业委员会团体标准管理办法》。该文件规定了团体标准的制修订工作原则、组织机构职责、标准制修订程序及编写规则、知识产权管理等内容。其中团体标准制定程序为：提案、审查立项、编制（起草）、征求意见、审查、批准及发布、实施和复审等。

中国贸促会商业行业委员会各分支机构、会员以及与中国贸促会商业行业委员会合作的任何单位和个人均可提出团体标准立项申请，发起标准提案。中国贸促会商业行业委员会会员单位申请的团体标准立项将被优先考虑；也可由中国贸促会商业行业委员会根据行业发展需要提出标准提案，同时承担相关政府部门委托，提出团体标准提案。

中国贸促会商业行业委员会对立项申请工作给予高度重视，会与每家单位进行面对面沟通，进行需求和行业背景调研。同时，与申请立项单位确定标准起草工作组筹建和工作模式。

在标准编制阶段，由提案提出单位负责组建标准起草工作组，并组织进行标准的起草工作。中国贸促会商业行业委员会或相关政府部门提出的提案，由中国贸促会商业行业委员会公开征集项目承担和参与单位。通常情况，在标准编制阶段中国贸促会商业行业委员会安排四至五次标准调研工作，深入了解相关企业的工作内容和特色，提炼总结为标准语言。

此外，中国贸促会商业行业委员会在征求标准反馈意见阶段，不仅利用本会官方网站、微信公众号的渠道进行网上公开发布，同时还会通过各类专业微信群组、中国标准化协会服务贸易分会成员群组（包含近70家全国贸易促进机构、商协会组织、服务贸易领域相关企业、科研机构、事业单位和高等院校）进行反馈意见征集和汇总。

对于标准的实施和发布，中国贸促会商业行业委员会与中国质检出版社达成长期合作，公开出版已完成制定的团体标准。这不仅对于本会团体标准在各类论坛、会议和展会中的宣贯起到了积极的推动作用，同时也是对团体标准品牌的塑造和版权的保护。

二、知识产权管理

中国贸促会商业行业委员会的团标标准版权归中国贸促商业行业委员会所有，出版和发布等事宜也必须由中国贸促会商业行业委员会同意方可进行。任何组织、个人未经中国贸促会商业行业委员会同意，不得印刷、销售；中国贸促会商业行业委员会会员可通过中国贸促会商业行业委员会允许得到标准的内容。

为促进技术的发展和更新，团体标准起草组应对涉及专利的团体标准按照 GB/T 20003.1《标准制定的特殊程序 第 1 部分：涉及专利的标准》的规定进行处置，以保护社会公众和专利权利人的合法权益，保障涉及专利的团体标准制修订工作的公开、透明。

三、推广应用措施

中国贸促会商业行业委员会团体标准制定和发布后的宣传和推广方式主要通过中国贸促会、中国贸促会商业行业委员会官网及微信公众号、全国团体标准信息平台网站、《中国贸易报》《中国对外贸易》杂志和《中国标准化》杂志等媒体进行定期刊登和发布媒体新闻报道。

例如，针对 2017 年 8 月 5 日发布的《外卖配送服务规范》（T/CCPITCSC 007—2017）团体标准，先后有 1800 多篇网络新闻进行宣传和报道，并有近 40 家中央、地方电视台和广播电台进行宣传和报道 60 余次，其中，中央电视台 2 套、4 套、13 套累计报道 5 次。此外，中国贸促会商业行业委员会保持媒体合作的渠道还包括新浪网、搜狐网、网易财经、新华网等 20 多家新闻媒体机构。

通过大范围、高频次的新闻宣传，使得《外卖配送服务规范》团体标准让普通百姓意识和了解到标准的重要性，同时该行业领域的服务公司及相关利益方也开始重视标准的作用和影响。自标准正式实施后，百度外卖公司根据标准文本内容特别制定出“百度骑士行为规范”，用于晨会集体学习和诵读，以规范和提升公司的外卖配送服务水平；丽华快餐、快乐蜂等多家餐饮连锁企业也先后主动联络中国贸促会商业行业委员会，要求学习并宣贯标准。此外，中国贸促会商业行业委员会还向全国各地行业主管部门、商协会、相关领域的公司免费提供正式印刷的标准文本，推广该标准的实施和应用。

在团体标准的推广和应用方面，中国贸促会商业行业委员会还积极利用各类论坛、会议、展览等活动对团体标准进行解读和宣传。例如，《会奖与活动服务机构评价规范》（T/CCPITCSC 008—2017）团体标准发布后，中国贸促会商业行业委员会通过第二届国际海岛（三亚）会奖论坛、第四届亚太会奖与活动协会年会（上海）、中国（义乌）国际标准博览会、中国（昆明）会展与商务旅游融合发展论坛、贸促系统会展联盟第十届年会（厦门）、第十届中国会议经济与会议酒店发展大会（海口）和采购中国年会（上海）等会议展览活动平台进行标准宣贯，受众累计超过三千人次。

四、联络协调机制

中国贸促会商业行业委员会在推动团体标准化工作过程中，主动与境内外相关团体建立联络协调和信息通报机制。

在境内，依托全国贸促系统的网络体系，与各地方和行业贸促会建立联络，在标准起草、征求意见、宣贯等方面主动与各地方和行业贸促会及时沟通协调。此外，2017 年 7 月，中国贸促会商业行业委员会经中国标准化协会批准，承担中国标准化协会服务贸易分会秘书处，负责筹建中国标准化协会服务贸易分会，并已于 2017 年 12 月 15 日正式成立，会员单位包括 70 家贸易促进机构、商协会组织、服务贸易领域相关企业、科研机构、事业单位和高等院校。

在境外，中国贸促会商业行业委员会加入英国标准协会（BSI）成为会员单位，建立与英国标准协会（BSI）开展团体标准国际合作交流的渠道。此外，利用中国贸促会商业行业委员会参与的亚太商工总会（CACCI）、亚太服务业联盟（APSC）、亚洲营销联盟（AMF）、亚太会奖与活动协会（ICESAP）、亚洲展览会议协会联盟（AFECA）、亚洲中小企业理事会（ACSB）等国际组织，建立联络协调和信息通报机制。

第七节 坚持质量注重品质 探索标准国际合作 打造 CSEE 标准品牌

中国电机工程学会（以下简称学会；社会团体代号：CSEE）成立于1934 年，主要服务于能源、电力及其装备制造领域，是凝聚电力行业科技创新力量的重要平台，接受民政部和中国科协的业务指导和监督管理。学会设有 9 个工作委员会和 43 个专业委员会，33 个省级学会是学会的单位会员。中国电机工程学会作为全国团体标准首批试点单位，按照国家标准化管理委员会和中国科协的总体部署，牢牢把握“质量第一、技术先进、面向需求、广泛认可”的工作原则，积极探索，精心组织，注重质量，稳中求进，取得阶段性成果。

一、标准编制实现批量化常态化

截至 2017 年底，学会共发布 CSEE 标准 28 项。2017 年，学会发布 CSEE 标准 26 项。其中，2017 年 1 月 17 日，学会召开了 2017 年度第一次标准工作委员会会议，审议通过了《陆上风电场设备选型技术导则》等 22 项 CSEE 标准送审稿，这是学会历史上首次成批地通过标准审查。2017 年 3 月 2 日，在学会第十届理事会第四次会议暨 2017 年工作会议期间，学会通过视频方式隆重发布了这 22 项 CSEE 标准，郑宝森理事长和标准工作委员会主任委员陈维江院士为 22 项 CSEE 标准揭幕。2017 年 6 月 2 日，学会召开了 2017 年度第二次标准工作委员会会议，审议通过《海上风电工程设备监理技术导则》等 4 项标准。

截至 2017 年底，学会批准立项的 CSEE 标准合计 176 项，2017 年批准立项的 CSEE 标准共计 105 项。其中，2017 年度第一次标准工作委员会会议审议通过 10 个项目立项，第二次会议审议通过 95 个项目立项。

二、团体标准国际化取得历史性突破

探索团体标准国际化，推动 CSEE 标准与国际标准、国外先进标准接轨，学会与电气和电子工程师学会（IEEE）就团体标准合作事宜进行了多次深入交流，建立了长期稳定的互信互利合作基础。2017 年 9 月 15 日，学会与 IEEE 签署标准合作备忘录，双方共同成立了联合工作组以推动制定双编号标准，推进标准制定活动的知识共享，带动我国能源电力领域先进科技、装备走出国门。

三、标准信息化工作走在全国团体标准组织前列

学会坚持信息化为支撑，稳步推进标准工作。标准执行办公室结合标准工作实际要求，优化了 CSEE 标准信息化平台功能，实现了申请立项、形式审查、征询意见、投票评审、标准发布和销售等全过程信息化。启动使用标准立项、审查无纸化投票系统，大大提升了标准审查会议效率，并为今后开展分布式线上标准审查会议探索了可行路径。

第八节
快速满足社会和市场急需　配合国家科技发展重大专项推广

中国分析测试协会（以下简称协会；社会团体代号：CAIA）是由全国分析测试及相关业务的单位和组织自愿组成的专业性社会团体，1986 年经原国家科委批准，在北京成立。协会会员单位由国家分析测试中心，大学分析测试中心，各省、市、自治区分析测试中心，部门和地方相关科研院所或其分析测试机构以及分析测试仪器生产厂商、贸易公司和相关媒体组成，初步形成覆盖全国的分析测试网络。

协会于 2014 年 3 月 21 日成立标准化委员会，在团体标准试点工作开展的这两年中，协会每年都按照《国务院关于促进市场公平竞争、维护市场正常秩序的若干意见》，根据社会和市场的需求编制当年的《CAIA 标准申报指南》。这两年申报的标准，主要涉及我国食品和环境安全、食品和环境样品检测等领域的筛检技术标准。截至 2017 年底，协会共批准、发布了 10 项筛检技术的 CAIA 团体标准。

针对社会上一些突发事件所需要的分析方法标准，协会采用快速通道，可以随时申报。协会标委会及时组织相关专家帮助申报单位解决标准制定中的一些问题，尽快地形成高质量的标准草案，然后严格地按照 CAIA 标准的审定程序进行审定和发布，以满足社会（市场）的急需。

通过这两年的试点工作，协会感觉到企业对团体标准的需求十分强烈。2015—2017 年申报团体标准的单位共 44 个，其中 26 个单位是企业；申报的 98 项标准中，有 68 项是企业牵头申报；现已发布的 10 项筛检技术 CAIA 团体标准中，6 项是企业提出的。

为了配合科技部、财政部实施《国家重大科学仪器设备开发专项》和其他有关的国家计划项目的研制成果推广，协会在 2015 年的申报指南中，将在完成《国家重大科学仪器设备开发专项》项目和其他国家计划项目时研究建立的一些社会急需的分析测试新方法或新产品性能测试方法的标准草案作为重点征集内容。目前，已有 3 项《国家重大科学仪器设备开发专项》研制成功的重大科学仪器关键部件性能测试方法的 CAIA 标准发布，使得这些关键部件的国内外产品有了质量评估的统一测试标准，推进了这些关键部件在自主研发的国产科学仪器上的使用，为国产科学仪器的自主创新和发展起到很好的支撑作用。

第九节
科学规范严谨运作　助力团体标准化管理运行

中国化学纤维工业协会（以下简称化纤协会；社会团体代号：CCFA）成立于 1992 年 11 月，是民政部评定的 5A 级协会；现有会员单位 500 多家，会员产能超过全行业产能的95%，涵盖聚酯、锦纶、再生纤维素纤维、氨纶、腈纶、丙纶、生物基化学纤维、循环再利用化学纤维及高性能化学纤维等行业；现有工作人员35名，其中研究生以上学历7人，本科28人，高级以上职称16人，中级职称15人；中国工程院院士蒋士成、孙晋良、姚穆、俞建勇为协会特聘顾问。

一、制度建设

一是组建中国化学纤维工业协会标准化技术委员会。规范运作的标准化组织机构是标准化工作顺利有序开展的基础保障，为进一步做好化纤协会团体标准化工作，化纤协会发布了《中国化学纤维工业协会标准管理办法》(中化协〔2016〕4号)，从顶层规范团体标准制定工作，成立了“中国化学纤维工业协会标准化技术委员会”(以下简称“标委会”)，专门对口负责化纤协会团体标准工作事宜。2015年，化纤协会标准质量部编制完成《中国化学纤维工业协会标准化技术委员会工作条例》《中国化学纤维工业协会标准化技术委员会秘书处细则》等相关文件，同年11月，化纤协会组织召开标委会成立大会，组成了标委会第一届委员会，秘书处设在化纤协会，协会会长端小平任主任委员，委员由来自全国化纤及相关领域的生产企业、检测机构、高等院校、科研院所、行业组织和相关上下游企业等专家组成。

二是完善化纤协会团体标准规章制度。根据国务院《深化标准化工作改革方案》(国发〔2015〕13号)、质检总局和国家标准委《关于培育和发展团体标准的指导意见》(国质检标联〔2016〕109号)要求，为有序推进中国化学纤维工业协会团体标准有关工作，2016年，化纤协会对《中国化学纤维工业协会团体标准管理办法》进行了修改完善，形成并发布了《中国化学纤维工业协会团体标准管理办法》(修订版)。此次修订重点对标准制修订程序进行细化规范，对知识产权的管理加以明确，落实《关于培育和发展团体标准的制定意见》相关要求，修订化纤协会团体标准编号和代号。

为配合管理办法落实，化纤协会发布了《关于化纤协会团体标准编号规则及编号变更的通知》，通知同时发布了《化纤协会团体标准编号对照表》，实现了新旧编号替换，团体标准管理更为规范。

二、标准制修订

（一）团体标准项目征集与计划下达

截至 2017 年 12 月，化纤协会共下达 67 项团体标准计划项目，选择方向上有意偏重功能性纤维、循环再利用、生物基化学纤维、高性能纤维标准项目。在选择立项计划的过程中，相关产品、方法或技术要求的市场需求程度和技术层面的成熟程度是最主要的考虑内容，一方面要符合产品自身的特点，同时还要考虑到该产品在全行业的发展程度，在体现先进性的同时亦体现规范性。在标准计划项目的选择上，始终坚持科技含量高、市场相对成熟和需求潜力旺盛的方向，同时加强与中国纤维流行趋势发布、绿色纤维标志认证和国家标准、行业标准申请项目相互协调配合，广泛征集功能性、高性能、生物基和循环再利用化学纤维等领域的可选项目，以标准带动产品质量提升，规范市场秩序，推动新产品的市场推广。

（二）团体标准制修订

开展团体标准工作以来，标委会秘书处多次组织召开化纤协会团体标准专题工作会议、综合性审稿会议和年度工作会议，制定并发布了 50 项团体标准，另有 16 项团体标准正在研制中。已发布的标准中，行业急需的功能性、生物基、高性能及循环再利用纤维标准占 76%，初步缓解了新产品标准供给不及时的问题。化纤协会团体标准的制定严格按照协会标准制定程序执行，依次经过初稿、征求意见稿、广泛征求意见、召开审查会、报批审核，最后以协会公文发布实施。特别需要强调的是，团体标准与化纤行业标准和国家标准工作同时开展，征求意见、审稿统一进行，标准文本均由包括纺织工业化学纤维标准化技术归口单位在内的标委会专家组成员进行技术把关，从流程和技术环节确保化纤协会团体标准质量。

（三）团体标准复审

按照《中国化学纤维工业协会团体标准管理办法》要求，对发布年限5年以上的化纤协会标准要进行复审，以确定继续有效、修订或废止。在2017年化纤标准化工作年会上，对《聚酯切片阻燃性能试验方法 氧指数法》等8项标准进行了复审，其中以《聚酯切片阻燃性能试验方法 氧指数法》等5项团体标准为基础制定的行业标准已发布实施，故这5项团体标准废止，《亲水柔软聚酯中空短纤维》等3项团体标准继续有效。

三、标准宣传和应用推广

（一）团体标准的发布和宣贯

在完成各项制定程序后，化纤协会团体标准以协会公文的方式发布，标准文本全文刊登在协会官网上，会员可以随时登录下载，目前以电子文档为主要发布形式，同时印制适量纸质版本以满足相关企业需求。化纤协会团体标准宣传力争做到多角度和公开透明，充分利用化纤协会官网、会刊、手机报和微信等多渠道信息平台，对新发布的团体标准进行深入解读，帮助理解、促进应用。

（二）团体标准的应用

随着技术创新和绿色理念的深入推进，新产品层出不穷，环保要求更加规范，因此，迫切需要建立相应的产品、检测及清洁生产标准。化纤协会团体标准的出台，部分解决了市场对于化纤领域技术标准需求旺盛与供给不足的矛盾。化纤协会团体标准在规范生产、便利贸易及企业走出去等方面得到有效利用，目前主要使用对象为产业链上下游生产企业、贸易商及部分检验机构。在纤维产品推向市场后，迅速做到有标准可遵循，方便了上下游企业的生产加工协调及产品的市场推广，为企业节省了精力及资金成本，受到了上下游企业的好评。

（三）以团体标准为基础，制定政府标准

化纤协会积极推动运行有效、获得市场充分认可的团体标准为政府标

准采信。以化纤协会团体标准为基础，制定国家标准 1 项，制定行业标准 5 项，另有 4 项列入行业标准计划。

此外，化纤工业清洁生产评价指标体系的 7 项团体标准已纳入发展改革委、环境保护部和工业和信息化部联合发布的清洁生产评价指标体系制修订计划，目前正在制定中。

四、全国团体标准信息平台工作

2016 年 3 月，化纤协会参加了团体标准试点工作研讨会，介绍了协会团体标准开展情况，会后响应国家标准委要求，积极主动申请注册全国团体标准信息平台，成为第一批通过公示的社会团体。按照《关于培育和发展团体标准的指导意见》要求，化纤协会配合全国团体标准信息平台定期进行团体标准信息公开，并对工作进展及时总结。

五、两项化纤协会标准入选工业和信息化部团体标准应用示范

为贯彻落实国务院《深化标准化工作改革方案》（国发〔2015〕13 号）的要求，工业和信息化部于 2017 年 7 月开展了工业通信业“百项团体标准应用示范”项目申报工作，以大力培育发展团体标准，支持先进团体标准的推广应用，引领相关产业的创新发展。化纤协会 8 月中旬递交了《仿棉聚酯纤维》（T/CCFA 01006.1—6—2013）和《循环再利用化学纤维（涤纶）行业绿色采购规范》（T/CCFA 00006—2016）两项化纤协会标准申报材料，并在 10 月通过了工业和信息化部组织的工业通信业团体标准应用示范项目专家评审，2017 年 12 月，工业和信息化部公布了 2017 年团体标准应用示范项目名单。

第十节
行业智库前端介入　助推团体标准落地执行

山东省太阳能行业协会（以下简称太阳能协会；社会团体代号：SDSIA）

于2009年成立，是由太阳能企业和相关单位自愿结合组成的全省非营利性的社团组织。太阳能协会会员单位189个，涵盖了全省太阳能行业配件生产、整机制造、应用工程建设及科研、教育、设计、检测等各专业领域。太阳能协会成立以来积极履行协会职能，坚持为全省太阳能行业、企业和政府服务，充分发挥桥梁和纽带作用，积极探索促进行业发展的有效途径，加强行业自律，为会员单位提供信息、咨询、维权等服务。协助政府推动节能减排，促进全省太阳能行业健康发展。

2016年7月太阳能协会发布了《山东省太阳能行业团体标准管理办法》，从立项、起草、审查、审批、发布、存档和复审等多个领域规范了太阳能协会团体标准的制修订流程。尤其在团体标准的制定流程中，太阳能协会充分发挥专家委员会的优势，在起草和审查阶段就引入行业专家对团体标准进行论证并给出专家建议。这种在团体标准起草阶段就有行业专家介入助力团体标准起草的模式在山东省内的社会团体中是一个创新。通过行业专家把脉，行业企业能够更有重点地在太阳能行业领域把握优势资源，前瞻性地在热点领域开展团体标准制修订工作。同时，团体标准起草单位通过执行太阳能协会出台的相关团体标准，有效地提高了山东省太阳能行业关键技术指标，取得在全国同行业领域的竞争优势。

太阳能协会积极与相关职能部门汇报、沟通，推动相关政策采用太阳能协会制修订的团体标准。2014年6月11日，山东省经济和信息化委员会下发的《关于做好太阳能集热系统财政补贴项目供货厂商申报工作的通知》中，太阳能集热系统供货厂商申报条件第四条明确提出“其产品符合山东省太阳能行业协会团体标准”；2015年1月19日山东省经济和信息化委员会下发的《关于组织推荐太阳能集热系统供货企业的通知》中，增补财政补贴太阳能集热系统供货企业申报条件第四条再次明确提出“集热系统主要性能指标符合省太阳能行业团体标准要求”。2017年2月27日山东省经济和信息化委员会下发的《关于做好2017年度省节能专项资金项目申报工作的通知》中，太阳能集热系统财政补贴项目申报指南中明确采用太阳能协会团体标准。以上政策文件的贯彻，有效推进了山东省太阳能行业协会团体标准的落地实施。

太阳能协会还鼓励自愿执行相关团体标准的企业严格执行标准，配合质检机构不定期依据团体标准抽检相关产品，提高企业总体质量水平，形成独具特色的高质量山东品牌企业。

同时，太阳能协会还开展了相关团体标准的宣贯会，加强团体标准的培训和宣传力度。太阳能协会还在中国改革报、大众日报、齐鲁晚报、能源周刊和新华网、舜网等新媒体终端推广相关团体标准。

第四章　团体标准典型案例

自培育发展团体标准以来，我国涌现出一批典型团体标准。本章选取11家社会团体的30个典型团体标准案例，系统展现了这些团体标准在制定、发布、推广以及实施等方面的典型经验和做法，以期为众多社会团体的标准化活动提供借鉴和参考。

第一节 智能互联标准 引领产业创新发展

闪联自开展团体标准化工作以来，制定并发布了多项团体标准，在这里重点介绍《闪联智能音频互连协议》和《信息技术 信息设备资源共享协同服务基于云端管理框架的蓝牙智能锁》两项团体标准，供团体标准的研究者和实践者参考。

一、《闪联智能音频互连协议》团体标准研制案例

在开展团体标准工作的过程中，闪联从音响企业的技术革新和产业升级出发，结合我国音响企业的迫切需求，以团体标准的灵活性和快捷性为基础开展工作，迅速形成了引导创新性技术产业发展的闪联智能音频互连技术标准《闪联智能音频互连协议》(T/IGRS 0003.04)，并在参与标准制定企业的支持下，快速实现了从标准到产品的转换，《闪联智能音频互连协议》团体标准是闪联团体标准化工作开展以来的良好实践案例。

中国是音响产品制造大国，全球超过95%以上的音响产品都是中国制造。但是我国的音响行业起步较晚、知识产权积累不足、缺乏核心技术，产业发展受制于国外知识产权拥有者。一年向国外6家公司缴纳的许可费超过了全行业的利润。而目前产业的基础正在变化中，不断向互联网、云计算、智能终端方向发展，用户在向网络化、智能化、交互化、数字化集中，音响产业迎来了洗牌的机遇。

智能音频互连技术最早由美国一家公司推出，自2005年以来，一直是该家公司在市场上占有主导地位。但是该公司的技术基于早期的美国军方技术，

具有局限性。为了更好地推广智能音频的理念，推动产业的发展，业界还需要一套完善、统一的智能音频体系架构和规范，以利于产品的开发和推广。

为了实现标准引导产业的重要作用，来自我国智能音响领域的科研院所、企业单位向闪联提出了制定智能音频互连协议的迫切需求，按照传统的国家标准和行业标准的制定流程，从立项到发布需要 2 到 3 年的时间，而到时候来自国外的技术和产品将成为市场的主流，我国音响企业将会失去一次重要的弯道超车的机会。为此，2012 年下半年，这些企业和科研院所向闪联提出了开展标准化工作的请求，为此闪联经过多方沟通，将最新的闪联团体标准的框架和工作方式向智能音响领域的企业和科研院所进行了介绍。他们对于这种新型的灵活快速的标准制定方式表示了强烈的认同，在市场竞争日益激烈的情况下，他们非常愿意在团体标准的框架下迅速制定和发布相关的技术标准。

闪联智能音频互连技术工作组于 2012 年 12 月正式成立，以制定闪联团体标准为目标，经过一年的时间，到 2013 年 12 月，《信息设备资源共享协同服务 智能音频互连协议》即《闪联智能音频互连协议》正式发布为闪联团体标准。而在这一年的时间内，闪联智能音频互连技术组的成员积极围绕标准的制定开展产品的原型研制和协议的实现工作。标准发布后仅仅一个月，基于闪联智能音频互连协议的产品原型就出现在 2014 年 1 月的美国拉斯维加斯国际消费电子产品展（CES 2014）上，受到了业界的好评。

2014 年以来，工作组又召开了 5 次会议，对标准内容进行不断的补充和完善，新修订的《闪联智能音频互连协议》即将再次发布为闪联团体标准。闪联对于一项 2013 年 12 月发布的团体标准，仅用了两年多的时间就完成了技术升级和标准的更新工作，这在过去的标准化体系中是不可想象的。至今，基于闪联智能音频互连协议的产品已经有 10 余种、200 余万台音响设备投入市场，取得了良好的经济效益和社会效益。

二、《信息技术 信息设备资源共享协同服务基于云端管理框架的蓝牙智能锁》团体标准研制案例

2016 年我国锁具行业的总产值达 600 亿元以上，其中智能门锁行业总产值在 2016 年超过 60 亿元。如此庞大的市场，也促使不少智能家居

企业纷纷推出了自己的智能门锁产品。智能门锁也一时成为各商家争夺智能家居入口的重要切入点产品。由于标准的缺乏，我国智能云锁行业存在诸多问题，行业发展的可持续性令人担忧。为进一步规范智能云锁行业的发展，提升我国智能云锁产品的整体质量和技术水平，闪联联合会员厂商积极制定智能云锁的相关标准，并结合市场需求提供相关智能安全的解决方案。

闪联主导制定的《信息技术 信息设备资源共享协同服务基于云端管理框架的蓝牙智能锁》(T/IGRS 0007.01—2017) 规定了完整的云端管理框架可与蓝牙智能锁设备交互使用，即定义了蓝牙智能锁、远程访问客户端和远程访问服务器在通信过程中应遵循的规范、接口和协议。通过本部分定义的应用管理框架，符合该规范的蓝牙智能锁可与远程访问服务器连接，并最终让用户通过第三方服务平台和远程访问客户端操作和管理蓝牙智能锁设备。标准适用于需要接入云端管理框架的蓝牙智能锁，并按照基于云端管理框架的蓝牙智能锁定义的规范、接口和协议进行开发蓝牙智能锁、蓝牙网关、远程访问服务器以及远程访问客户端的个人、组织和企业。

2017 年 10 月 14 日是世界标准日，此次中国的主题是“标准化助力质量提升”。在世界标准日来临之际，通过制定智能云锁的标准，来规范行业发展，保证中国智能云锁产品的整体质量和提高智能锁的技术水平。用先进标准引领产品和服务质量提升，并推动技术创新、标准研制和产业化协调健康发展。通过闪联国家工程实验室搭建模组应用整套服务平台，围绕技术标准和服务体系，构建感知、互联和智能的万物互联的产业生态。通过感知，将世界数据化；通过互联，将物联网与互联网深度结合；通过智能，将发掘海量数据价值，形成万物互联的智慧应用方案。

闪联是中国标准化创新的杰出代表，其开创的以“标准为核心、市场为导向、产学研深层合作”的联合创新模式对于全国同类行业组织的发展有着重要的参考和借鉴意义。闪联以市场为导向、以标准为纽带、以产业技术团体为主体、以产品为基础、以机制为保障的联合创新方式，是中国标准化组织和产业联盟自主创新的一种有效模式。闪联在标准制订和推广方面不断取得成果和突破。截至 2017 年底，已经发布 ISO/IEC 国际标准 10 项 (即将发布 4 项)、国家标准 27 项、行业标准 7 项和团体标准 10 项。

工作组成立以后，陆续召开了三次会议，对标准内容不断地进行补充和完善，并通过此次制定智能云锁标准，规范并构建专业化智能锁应用的云服务平台，提供智能云锁平台全方位和多功能的软硬件综合服务。通过客户定制个性化芯片模组云端方案的解决方式，满足各个企业的不同需求，提供业内与相关企业专业人员的技术交流服务，提供定制化合作的商业服务策略，如标准化、芯片模组、相关产品方案测试服务和不同层级的云服务商。

第二节 围绕技术创新发展　满足国内产业需求　主导国际标准制定

一、快速响应市场需求，提高团体标准服务技术创新的能力

我国云计算产业经过近几年的培育和发展，市场已初具规模。通过政府采购扶持云计算发展是国际上各国政府扶持云计算产业的通行做法，政府带头采购和使用云计算资源和服务，可以有效激发云计算需求，扩大云计算市场规模，带动云计算技术的研发。针对我国云计算市场发展初期，用户对云服务缺乏信任度的实际情况，通信标协组织制定和发布了《云计算服务协议参考框架》《面向政务的云服务》等 6 项协会标准（标准编号：T/CCSA YDB 143.1—2014、T/CCSA YDB 143.2—2014、T/CCSA YDB 143.3—2014、T/CCSA YDB 143.4—2014、T/CCSA YDB 143.5—2014、T/CCSA YDB 144—2014），并在政府采购云服务相关的标准体系、合同条款、管控制度等规范中加以引用，成为政府采购云服务的技术依据。标准的编制吸引了业内很多相关企业的关注，标准起草单位包括：中国电信集团公司、中国联合网络通信集团有限公司、中国移动通信集团公司、阿里巴巴（中国）有限公司、深圳市腾讯计算机系统有限公司、北京新浪互联信息服务有限公司、百度在线网络技术（北京）有限公司、华为技术有限公司、杭州华三通信技术有限公司、北京世纪互联宽带数据中心有限公司、浪潮集团、北京蓝汛通信技术有限责任公司、网宿科技股份有限公司等。

从标准发布后近 3 年的实施情况看，这些标准能够较好地用于完善政府采购云服务的配套政策，目前已成为通信标协下属联盟组织开展“可信云服务认证”的核心技术依据，通过对云服务及服务商进行评估与认证，进一步保证政府使用云服务的数据安全、服务质量和权益保障。同时，这几项云计算团体标准中所包含的可信云服务定义、需求和场景等内容，也由我国主导（中国信息通信研究院牵头）向国际电信联盟 ITU-T SG13（未来网络和云计算研究组）提交了文稿。2016 年 6 月 13 日 ITU-T 公开征求意见后，所提文稿已被采纳并生效，成功写入国际标准 ITU-T Y.3501ed2 中。这是中国云计算标准走向世界的第一步，是中国公有云产业竞争力的体现，这标志着可信云服务团体标准获得更广泛的国际关注和认可，将进一步助力国内公有云服务商走向国际市场。

二、填补政府标准空白，以点带面促进行业技术水平整体提升

为健全我国绿色制造标准体系，推动企业履行社会责任，最大限度降低资源消耗，尽可能少用或不用含有毒有害物质的原材料，减少污染物产生和排放，2017 年，通信标协针对移动通信终端、光网络终端、以太网交换机三类使用量较大的通信设备产品，组织研制并发布了《绿色设计产品评价技术规范》系列团体标准（标准编号：T/CCSA YDB 192—2017、T/CCSA YDB 193—2017、T/CCSA YDB 194—2017）。该系列团体标准的实施能够促进通信企业加强能源管理，加快推进行业资源综合利用和节能降耗，有助于通信行业淘汰 20% 以上的落后产能，促进行业向节约、清洁、高效的生产方式转变。在开展绿色设计产品评价工作中，该系列标准被工业和信息化部节能与综合利用司推荐列入了评价依据标准目录。近年来，通过开展节能领域团体标准的研究，通信标协努力探索行业节能与绿色发展的实现途径，以点带面促进节能技术的创新、应用和推广，通过标准带动行业节能与绿色整体工作的开展，支撑和推动国家节能和绿色制造体系建设。

三、利用团体标准，促进国际、国内标准协同推进

随着物联网技术研发及市场推广的不断深入，全球各通信标准化组织都在加强物联网标准化工作。为了促进国际物联网标准化活动的协调统一，减少重复工作，降低企业生产及运营成本，保障各行业的物联网应用，从而推动国际物联网产业持续健康发展，2012 年，日本无线工业及商贸联合会（ARIB）、美国电信工业解决方案联盟（ATIS）、中国通信标准化协会（CCSA）、欧洲电信标准化协会（ETSI）、美国通信工业协会（TIA）、韩国电信技术协会（TTA）以及日本无线通讯技术协会（TTC），共 7 家国际标准化技术组织共同联合发起成立了物联网领域国际标准化组织（oneM2M）。目前其成员单位包括了行业制造商和供应商、用户设备制造商、零部件供应商以及电信业务提供商等各个行业的思想领袖。通信标协作为 oneM2M 发起成立的 7 个组织伙伴之一，一直积极参与并推动 oneM2M 的相关工作，全程参与了其版本 1 和版本 2 规范的制定，并陆续启动了 26 项相关规范的国内团体标准的转化工作，确保国际国内标准的协同推进。

第三节 WAPIA 团体标准走出去　中国近场通信技术走出去

WAPI 产业联盟聚焦我国无线网络和网络安全领域应用中的标准空白领域，通过团体标准的制修订及其国际化，提升了我国国际标准话语权和规则制定权，加速了技术成果转化和应用，以近场通信（NFC）安全技术团体标准国际化最具代表性。

NFC 是一种方便、迅捷的近距离无线通信技术，是物联网的基础技术。它可以实现电子设备之间非接触式、点对点的数据传输和数据交换，由于带宽高、能耗低，具有广阔的应用前景。根据市场需要，WAPI 产业联盟组织成员单位制定发布了《信息技术 系统间远程通信和信息交换 NFC 安全 第 4 部分：使用非对称密码的 NFC-SEC 实体鉴别与密钥协商》（T/WAPIA 020.4—2014）、《信息技术 系统间远程通信和信息交换 NFC 安全

第 5 部分：使用对称密码的 NFC-SEC 实体鉴别与密钥协商》(T/WAPIA 020.5—2014) 和《信息技术 系统间远程通信和信息交换 NFC-SEC 测试方法》(T/WAPIA 020.6—2016) 3 项 NFC 安全团体标准，并推动其转化为欧洲信息和通信系统标准化协会（ECMA）标准（ECMA-410、ECMA-411、ECMA-415) 和国际标准（ISO/IEC 13157-4:2016、ISO/IEC 13157-5:2016、ISO/IEC 22425:2017)，形成了 NFC 安全国际标准体系，成功解决了影响 NFC 技术在全球广泛应用的空口通信安全问题，为“防范无线通讯领域近距离空口窃听、设备假冒、数据篡改等攻击”提供了技术支持，填补了国际上 NFC 身份认证安全领域的空白，一定程度上改变了我国物联网领域核心技术受制于人的局面。

这是 WAPI 产业联盟团体标准国际化“走出去”工作继 2015 年 11 月射频识别（RFID）安全技术（TRAIS）成为国际标准后，再次在物联网安全核心技术方面推动自主创新安全协议被纳入国际标准体系的又一重要成果。

上述标准是 WAPI 产业联盟团体标准，应市场需求而生。同时结合当时的国际标准大环境，考虑中欧关系和“一带一路”国际合作框架大局下 ECMA 和我方在国际标准体系中的良好互动，在充分论证后确定了该两项技术经由 ECMA“走出去”的国际标准化路径，首先推动团体标准成果在欧洲取得应用，为全球应用奠定基础，最终推动成为国际标准。

WAPI 产业联盟上述工作，受到国家标准委、国际标准组织和相关国际专家的认可和支持。系统间远程通信和信息交换国际标准化组织主席姜贤国（Hyun Kahng）专门发来贺信，表示：“在过去十年，中国在国际化方面成长非常迅速，已经从参与者变成了协调者和主导者。”“NFC 安全之父”瑞士专家汉斯·鲁道夫·托曼（Hans-Rudolf Thomann）、ECMA 秘书长伊斯特万·塞巴斯提安（Istvan Sebestyen）、副秘书长奥诺·埃林加（Onno Elzinga）都高度肯定了中国在近距离通信网络安全技术创新上的贡献。ECMA 负责 NFC 技术标准化工作的第 47 分技术委员会（即 TC47) 主席、奥地利专家莱因哈德·梅因德尔（Reinhard Meindl）表示：“中国 NFC 安全研究小组对这些标准的发展、提高，以及在全球市场的推广都做出了重大贡献。”

第四节
定位产业共性技术　助力市场推广

2016 年 10 月，团体标准《LED 照明应用接口要求：自散热、控制装置分离式 LED 模组的路灯 / 隧道灯》（T/CSA 016—2013，以下简称 CSA 016 团体标准）荣获“2016 年中国标准创新贡献奖”项目奖二等奖。这是中国标准创新贡献奖（项目奖）首次授予联盟标准的奖项，由国家技术标准创新基地（中关村）推荐；落实了国务院《深化标准化工作改革方案》思路和要求，突出了改革导向，给予了像 CSA 016 这样取得显著经济社会效益的联盟标准脱颖而出、被社会大众所了解的机会。

CSA 016 团体标准是半导体照明联合创新国家重点实验室（以下简称实验室）“半导体照明产品规格接口”共性研究项目的成果转化。该标准快速响应了半导体照明战略性新兴产业的发展需求，攻克了 LED 道路照明领域因光、机、电、热等接口、规格不一导致、难以实现规模应用等共性技术难题，为不同厂家 LED 路灯模块化提供了兼容、互换方案，并保留了各个厂家自主创新的空间。实验室借助国家半导体照明工程研发及产业联盟（CSA）标准研制平台，将科技创新成果快速转化为团体标准，进而成为推动产业发展的现实动力。该项团体标准不仅填补了国内外市场空白，而且增加了产业的上中下游协调性，有效满足了市场需求，因而得到产业广泛关注和规模应用。

一、项目成果转化的意义

模组化的 LED 路灯 / 隧道灯是 LED 照明应用行业的重要发展趋势。项目组在大量的调研、意见汇总讨论之后提出了一种详细、可行的技术实现方案。接口的规格化，实现控制装置、LED 模组可替换的意义主要有以下几点：

（一）开启 LED 照明规模市场

不同厂家生产的灯具规格和接口不同，当产品出现部分失效时，需整体更换，维修难度高。而照明产品更新换代快，原有同样的整灯可能已没有库存，不同外形的灯具带来道路灯具的整体不协调性。质量保证、消费绑架、生产厂商可信度等消费者的顾虑多，市场难推广。可替换的 LED 模组、控制装置给产品带来可选度高、易维护等特点，树立消费者信心，开启规模应用。

（二）降低研发成本，缩短研发周期

模组化的灯具可大大降低直接的研发成本，缩短研发周期。传统压铸灯体开模周期最短在 45 天，模具费在 35 万元 ~80 多万元不等；而模组化灯具中模组的开模周期在 7 天 ~14 天，总开模费用可控制在 20 万元以内。在光机电热等接口统一后，新产品局部的技术更新，可继续应用旧产品的标准化部件，新产品研发时间缩短且产品更新换代衔接性好。

（三）提高研发进度，增加产业整体协调性

模组化产品接口统一后，有利于研发团队专业的管理开发，局部核心技术与系统集成协调并行，产业的上中下游协调性增加。标准化有利于企业产品设计规范文件的成型和技术基础的奠基，降低高端人才的人力成本，避免研发人员的变动带来项目的周期延误，同时局部的技术进步可快速应用于产品的开发和投入使用，增加技术快速进步与规模制造的协调性。

（四）降低库存压力、节约资源，形成产业持续发展的良性循环

新产品的推出，带来元器件、原料、半成型产品、销售产品等新的库存，对企业来讲，一种新的产品类型，意味着增加了此产品 4~6 个月销售额的库存压力。旧产品在新产品的冲击下，竞争力必然会下降，带来旧产品库存的积压与浪费。LED 企业在库存压力下，流动资金减少，灵活性差。接口统一的模组化产品，新旧产品库存的衔接性好，可形成良性的循环，减少资源的浪费，企业的竞争力提高。

二、多渠道推广实施，促进产业健康快速发展

2013 年以来，CSA 通过不同渠道向用户单位、企业、招标部门、检测认证机构、国际组织等推广、实施 CSA 016 团体标准。在北京、上海、常

州、东莞、成都等产业聚集区召开标准宣贯会10余次，200余家企业1000余人参会。符合产业需求的标准推动了产业健康快速发展。

（一）企业采纳，作为研发、生产依据

2013年4月10日，CSA 016团体标准发布，引起了产业的广泛关注，该标准为不同厂家模组化LED路灯提供了良好的互换解决方案。据不完全统计，符合CSA 016团体标准的LED模块超过400万个、LED路灯/隧道灯超过50万盏，有100余家有一定规模的LED路灯企业已经完成符合CSA 016团体标准的产品开发，并提供产品销售。据估算，2015年符合CSA 016团体标准的LED路灯占国内销售量的10%，2016年达到20%，2017年约40%。

目前，符合CSA 016团体标准的LED模组已在上海、浙江、湖南、四川等地广泛应用，其中九洲、亚明、三思、光宇、飞利浦企业开发的符合CSA 016团体标准的灯具已经在上海内环试挂，试挂的整体效果很好，眩光少、舒适度高、路面亮度均匀性好。上海临空园区互换性试验实验室验证不同控制装置点亮互换组合光源的试验表明，符合CSA 016团体标准的LED路灯，不同模组安装在同一个灯具中，可实现互换点亮。

（二）以CSA团体标准为基础制定地方标准、国家标准、招标文件

CSA坚持持续向用户（各地路灯处）、企业、招标部门、检测认证机构、国际组织等推广、实施CSA 016团体标准。以CSA 016团体标准为基础的国家标准于2017年12月29日发布。

2013年以来，CSA通过不同途径向不同省市及数十家路灯处介绍推广。2014年上海临空园区互换性试验表明，在满足互换性标识的前提下，可实现互换点亮。之后，CSA 016团体标准被上海、广东、浙江、四川、湖南、贵州、江苏等地转化为地方标准或引用，如四川省地方标准《道路灯LED模块互换规范》（DB51/T 1794—2014）、上海市地方标准《道路LED照明应用技术规范》（DG/TJ 08－2182—2015）等。

2016年，在浙江省（如湖州）、上海市、福建省（如漳州、龙岩、宁德）等地多项LED路灯招标文件中，明确提出了LED路灯产品需符合

CSA 016 团体标准的要求。2017 年，在浙江、福建等地 LED 路灯招标文件中，均明确提出了 LED 路灯产品需符合 CSA 016 团体标准的要求。据不完全统计，2017 年符合 CSA 016 团体标准的 LED 路灯占国内销售量的 40% 以上。

（三）全面开展国际推广，助力国际市场开拓

为形成在国际上的影响力，CSA 积极与各国际组织，如 ISO/TC 274 光与照明技术委员会、国际半导体照明联盟（ISA）、德国电气工程师协会（VDI）、金砖国家的相关照明组织、泰国照明协会、美国能源署等开展标准化交流合作。全面与 ISA 合作，开展基于我国自主创新技术的联盟标准的国际标准制定与推广，已将 CSA 016 团体标准转化为 ISA 标准并于 2014 年 11 月作为 ISA 国际标准发布，为中国企业开拓国际市场奠定了良好的规模化生产、销售、使用的基础。

在 ISA 举办的金砖国家半导体照明合作工作组会议上，中国代表向其他国家详细描述了 CSA 016 团体标准，得到了俄罗斯、印度等国家的高度关注并表示将启动标准转化工作，为中国企业开拓国际市场奠定了良好的规模化生产、销售、使用的基础。

2014 年 4 月、9 月任务负责人分别参加 ISA 泰国、印度半导体照明国际论坛，及在德国法兰克福举办的全球半导体照明城市应用研讨会。

以产品为载体，企业同时在自发进行标准国际化推广工作。洲明科技、华普永明、四川新力光源等企业在开拓国际市场时，推广应用符合 CSA 016 团体标准的产品，销往巴西、哥伦比亚、阿根廷、马来西亚、印度、乌克兰、俄罗斯等国家。CSA 016 团体标准已经形成较好的企业生产和产业应用的基础，成为事实标准。新兴国家相对落后的标准体系是 CSA 016 团体标准走出去的重大机遇。

我国已成为全球最大的半导体照明生产、应用和出口国。2017 年产业规模达到 6538 亿元。随着海外市场开拓需求的增加，我国半导体照明领域标准体系的国际化进程将有利于中国品牌的树立，培育龙头企业，由照明大国发展成为真正的产业强国。

第五节
发挥优势快速响应市场需求　新型服务业团体标准大有可为

在中国近五年的经济发展过程中，“互联网＋”的经济模式渗透到各行各业中，对于餐饮业也不例外。餐饮作为人们衣食住行中的“食”部分，市场规模达到万亿元级别，引得互联网巨头纷纷布局，催热“互联网＋传统餐饮”市场，同时也催生出“外卖配送”的兴起。《2017上半年中国在线餐饮外卖行业研究报告》显示：中国在线餐饮外卖市场自2011年一直保持较高速增长，2016年市场规模达到1662.4亿元，增长率为33.0%，2017年市场规模预计将达到2045.6亿元。2016年中国在线餐饮外卖用户规模达到2.56亿人，相比2015年增长22.5%，2017、2018年在线餐饮外卖用户规模预计分别将达到3.01亿人和3.46亿人。然而，外卖配送市场的火爆也遇到了阻碍其发展的瓶颈，面临着配送服务水平参差不齐，服务体验难以满足客户需求等问题。由此可见，外卖送餐服务关乎民生，社会关注度极高，迫切需要标准化的手段提升行业服务水平，

2017年，为适应上述市场发展的需求，中国贸促会商业行业委员会经研究决定联合外卖行业有关企业，共同起草《外卖配送服务规范》（T/CCPITCSC 007—2017）团体标准。该标准制定的目的是通过规范外卖配送服务过程，提高外卖配送的服务质量，培育可持续规范经营的外卖配送服务企业，引导外卖配送市场向着规范有序、注重诚信的方向发展。

《外卖配送服务规范》规定了外卖配送机构的资质、服务设施、信息技术服务平台、服务人员、服务流程、异常情况处理、服务质量控制和服务质量改进。该标准适用于外卖配送机构以自营物流或第三方物流方式提供的与餐饮外卖配送服务相关的活动。

在标准制定过程中，中国贸促会商业行业委员会与百度外卖等多家行业领头企业合作，深入了解行业内的具体工作流程，针对外卖配送服务的行业痛点问题，在标准中进行规范说明。因为大部分外卖配送服务企业都有各自的规章制度，服务要求也千差万别，所以在标准制定过程中要全部整合，统一成外卖配送服务行业通用的标准性文件，对服务机构在服务人员、服务流程、异常情况处理、服务质量控制和服务质量持续改进等方面

提出了较高的要求。标准制定前期需要深入了解外卖配送服务行业内的具体工作流程和细节问题，并逐一用文字进行规范说明，需要标准起草组与相关企业进行良好默契的配合和沟通，以确保得到真实、全面的行业资料。

我国目前尚无针对外卖行业的专门性法律法规，此项标准的出台填补了外卖配送服务行业的一大空白，促使网络“送餐”进入标准化时代。虽然团体标准并不是国家强制性标准，不具备强制力，但是该标准率先针对这些行业痛点和消费者关心的问题进行规范和指导，对引导行业持久健康发展具有非常积极的意义。作为自愿性标准，虽然没有法律的强制约束力，但如果商家自愿承诺按此服务标准向消费者提供外卖配送服务，则该商家会受到规范的指导和约束效力。这将有利于商家参照标准向消费者提供服务，也有利于消费者参照标准评价商家的服务，以促使商家提高其所送服务的质量。从长远来讲，该标准的实施对消费者、商家和社会都有益处。如果标准经过检验证明行之有效，且有利于进一步规范外卖配送服务市场，则可能会促使政府出台规范性的法律法规文件，把相应的服务准则列入法律体系。

《外卖配送服务规范》团体标准自 2017 年 9 月 1 日实施后一个月，2017 年 10 月 1 日新版《国民经济行业分类》(GB/T 4754—2017) 国家标准也正式实施。根据《国民经济行业分类》国家标准，“H 餐饮和住宿业”门类下设“M62 餐饮业”大类，“M62 餐饮业”大类下设“M624 餐饮配送与外卖送餐服务”中类，“M624 餐饮配送与外卖送餐服务”中类下设“H6241 餐饮配送服务”和“H6242 外卖送餐服务”两个小类。其中，“H6242 外卖送餐服务”是本次新版《国民经济行业分类》新增的行业。《外卖配送服务规范》团体标准正对应着“H6242 外卖送餐服务”这一新增行业。

新行业往往是由市场自发产生的，而《国民经济行业分类》对新行业的确认往往滞后于新行业的出现，因此新行业的规范发展就会存在一个较长实践的空窗期，而团体标准正好可发挥市场供给标准优势，快速响应市场需求。《外卖配送服务规范》团体标准出台，就是一个很好的例证，也是一种有益尝试，不仅能促使商家、配送企业、配送员和消费者四者之间的权益得到关注和规范，还可以引发社会关注，进一步推动相关监管部门加快对于行业的整治和管理，从而促进该行业向着更加规范和成熟的方向发展，提升经济效益。针对社会大众与舆论对于标准中所存在的问题，我们也会对标准文本不断地进行完善，与行业主管部门沟通，适时转化升级为行业标准、国家标准。

第六节
“轻薄”也需高标准

2016年11月15日，广东省标准化协会发布第一个团体标准《薄型机织服装》(T/GDBX 001—2016)。该团体标准是由深圳影儿时尚集团有限公司、广州市纤维产品检测研究院联合制定的。《薄型机织服装》规定了薄型机织服装要求，描述了对应的检测方法，给出了检验规则、标志、包装、运输和贮存等方面的内容。技术指标要求具有先进性和可行性，将有效提高薄型机织服装产品的质量水平和消费者的满意度。

《薄型机织服装》团体标准的特点：

一是填补了国家标准和行业标准的空白。同时，内容完全符合国家法律法规和强制性标准的要求。该标准规定的各项技术指标，完全符合国家强制性标准《国家纺织产品基本安全技术规范》的规定。

二是与现行相关产品标准相比，主要质量安全技术指标要求更高更先进，这体现在如下几个方面：

首先是增加了安全性能指标重金属与邻苯二甲酸酯的限值要求，补充了总铅、总镉含量的要求。邻苯二甲酸酯是能起到软化作用的化学品，是塑化剂的一种，能有效改善面料的手感和弹性，但对人体内分泌系统有干扰作用。我国国家标准《生态纺织品技术要求》(GB/T 18885—2009)虽然也对6种邻苯二甲酸酯在儿童产品中的限量做了相关规定，但考虑到轻薄型服装基本都是贴身穿着，对安全性要求应该比普通常规服装更为严格。因此，标准增加了对6种邻苯二甲酸酯的含量要求，规定邻苯二甲酸二（2-乙基）己酯(DEHP)、邻苯二甲酸二丁酯（DBP)和邻苯二甲酸丁基苄基酯（BBP)、邻苯二甲酸二异壬酯（DINP)、邻苯二甲酸二异癸酯（DIDP)和邻苯二甲酸二辛酯（DNOP)6种物质的含量必须低于0.1%，达到国际先进标准的要求，以确保产品的安全性能，减少安全风险。

其次是根据轻薄型服装存在易勾丝、色泽迁移、燃烧等特性，标准增加了色迁移牢度、勾丝性能、燃烧性能的要求及测试方法。起草小组在调研中发现，消费者对轻薄型服装面料的强力要求不高，但化纤长丝织物与丝绸织物在使用过程中容易引起勾丝，因而标准增加了勾丝性能的要求。考虑到轻薄型面料在使用过程中更容易引起燃烧，故增加了燃烧性能要求。

三是修改了有关产品接缝性能的要求及测试方法，使标准要求更加切合实际。现行服装有关标准按普通面料包括牛仔服等厚重面料规定接缝性能，轻薄面料服装照此执行，既无必要，又容易使接缝出现折皱，许多企业实际上没有照此执行，但因此成为产品检测不合格的原因，这成为薄型机织服装生产的一大困扰。《薄型机织服装》在大量调查研究的基础上，对接缝拉力负荷做了调整，从普通服装的面料负荷（100.0 ± 2.0）N、里料（70.0 ± 1.5）N 修改为面料里料均为（70.0 ± 1.5）N，对水洗尺寸变化率也做了“微调”，对再生纤维素纤维含量≥ 30% 的面料，其合格品尺寸变化率允许放宽至 −3.5%，更切合实际。

第七节 发挥检测技术优势 及时满足市场急需

中国分析测试协会（CAIA）制定团体标准的原则是：社会急需、广泛征集、严格把关、宁缺毋滥、严格审议、保证质量。

2014 年初，媒体报道我国大米中镉严重超标的问题，引起了广大民众的恐慌。大米中的镉含量多少，成为政府收购大米和民众购买大米的最重要的指标。当时，大米中镉含量的测定有很多方法，但是没有一个方法是快检标准方法，所以测得的数据得不到社会各界的认可。2014 年底，钢研纳克检测技术有限公司和北京吉天仪器有限公司根据社会和市场的需要及已有的技术，申报了大米中镉测定方法的 CAIA 标准。CAIA 标委会立刻接受了他们的申报，并组织有关专家对他们提交的标准草案进行审查，在审查中发现，两个标准草案中都出现专利技术，审查专家经过认真讨论，在既要满足市场的急需和标准的先进性，又要保证专利人的利益情况下，半公开专利的方法，使标准能够为大多数检测机构使用，专利人的利益又得到一定的保护，只用了8个多月的时间，CAIA标委会就在2015年7月1日发布了《稻米镉的测定 X射线荧光光谱法》（T/CAIA SH003—2015）和《稻米镉的测定 固体进样电热蒸发原子荧光光谱法》（T/CAIA SH004—2015）两个CAIA标准。这两个CAIA标准是根据社会和市场的急需，在粮食检测领域中最早提出的团体标准，通过起草单位的宣贯和培训，使得这一快检技术得到推广应用，保障了粮食入库工作顺利进行，同时提高了抽样检测的精准度，为粮食安全提供了有力保障。

2017年3月，山东荣成新三角洲水产食品有限公司为了进口日本的清酒，联合荣成出入境检验检疫局技术中心提出了制定《清酒铅砷的测定 电感耦合等离子体质谱法》CAIA标准申请。由于目前国家还没有清酒中铅砷测定的标准方法，在与日方的谈判过程中，清酒中的铅砷如何测定成为关键问题。荣成出入境检验检疫局技术中心为能够尽快形成一个清酒中铅砷测定的CAIA标准方法，他们在已有工作的基础上提出了《清酒铅砷的测定 电感耦合等离子体质谱法》标准草案。由于提出申请的单位是第一次做标准，标准草案和标准的编制说明中存在很多问题。中国分析测试协会按照其标准制定程序，聘请了两位资深专家，帮助起草单位修改、完善标准草案和编制说明，用了不到5个月的时间就正式发布了《清酒 铅砷的测定 电感耦合等离子体质谱法》（T/CAIA SH010—2017）的标准，保证了日本清酒进口的顺利进行。

第八节
团体标准对接地方产业升级

2017年11月9日，由中国标准化协会组织，由海尔、美的、格力、海信等知名家电制造企业，中国家用电器研究院、中家院（北京）检测认证有限公司、UL、CSA、SGS等国内外知名技术机构，以及国内最大的家电销售电商平台京东共同起草的《家用储水式电热水器智能水平评价技术规范》(T/CAS 286—2017)、《家用电冰箱智能水平评价技术规范》(T/CAS 287—2017)、《家用电动洗衣机智能水平评价技术规范》(T/CAS 288—2017)、《家用房间空气调节器智能水平评价技术规范》(T/CAS 289—2017)、《智能家电系统互联互操作评价技术指南》(T/CAS 290—2017)五项团体标准正式发布，并于11月24日在“中国智能家电国际高峰论坛”上举行了标准发布会。

随着物联网、大数据及人工智能技术的发展，智能化成为主流家电企业的共识，智能家电产品作为家电行业供给侧结构性改革产业升级的主力得以普及。但是，在产业快速发展的同时，智能产品标准评价体系不完善给行业带来困扰。目前，这一领域仅有少数框架性国家标准为智能家电的评价提供参考和指导，而相关的国际标准也尚处于研究阶段。随着国内家电产品智能化技术的普及与应用，智能家电产品的制造企业希望能有更完善的评价标准指导行业有序发展，消费者也需要专业的技术解读来帮助去伪存真，从而了解和选择真正的智能家电，指导理性消费。

中国标准化协会制定的5项智能家电团体标准，不仅包括了家用电冰箱、家用房间空调器、家用洗衣机和家用电热水器等4类在家电领域智能化发展较快的家电产品的智能化评价规范，同时还针对智能家居场景中不同智能家电产品间的互联及互操作技术的评价体系，从用户体验角度，多维度地提出了试验条件和评价指标及模型，可操作性强，将更有效地规范和指导智能家电的发展。此外，根据发展的需要，其他类别智能产品的评价技术规范也将陆续立项并适时推出。中国标准化协会制定的智能家电系列团体标准将作为国家标准、行业标准的有益补充，为智能家电产业的发展以及行业的转型升级提供支持。

合肥作为国内重要的家电产业集群，为促进产业转型，推动供给侧改革，合肥市政府提出家电产品智能化的产业升级目标，积极推进和鼓励合肥市的家电制造企业参与智能化领域国家标准和团体标准的制修订工作，并以此来指导智能家电产品的研发、设计和制造。其中，由中国标准化协会承担的上述5项智能家电团体标准是2017年智能化领域的重点工作之一。标准发布以后，在现有地方产业支撑政策的基础上，及合肥市经济和信息化委员会推动下，基于中家院（北京）检测认证有限公司（中国标准化协会电器电子分会秘书处所在单位）开展的智能家电自愿性认证结果为重要依据，开展面向合肥家电制造企业的奖励补贴政策，该自愿性认证将以智能家电的国家标准和团体标准为认证依据。

通过与自愿性认证的对接，中国标准化协会将会把更多的团体标准与自愿性认证相结合，充分利用团体标准的先进性和技术特性，通过认证的平台使团体标准获得更好的应用和推广。

第九节 产业驱动　应用先行

自中关村中交国通智能交通产业联盟《联盟标准化活动管理运行办法》实施以来，在联盟协助以及各联盟成员单位的积极努力下，智能交通产业联盟在标准制定上取得了骄人的成绩。其中《智能汽车电子地图数据模型与交换格式 第1部分：高速公路》（T/ITS 0049—2016）和《智能运输系统 车道保持辅助系统 性能要求和测试规程》（T/ITS 0063—2017）2项团体标准最具典型性。

一、《智能运输系统 车道保持辅助系统 性能要求和测试规程》

由上海车音网络科技有限公司牵头起草，北京智行者科技有限公司、清华大学、华为技术有限公司等9家单位起草的《智能运输系统 车道保持辅助系统 性能要求和测试规程》团体标准规定了有关车道保持辅助系统的基本控制策略、最低功能要求、基本驾驶界面要素、故障诊断和响应的最低要求，以及车道保持辅助系统（LKAS）的性能测试过程。另外，该标准还规定了车道保持测试环境条件、测试道路条件、测试车辆条件、测试系统的安装和配置、测试规程，为车道保持辅助系统的功能测试提供了良好的依据。车道保持是高级辅助驾驶系统（ADAS）基础功能之一，国际上已经发布了车道保持系统相关标准（ISO 11270），而国内目前尚无对应标准。本标准填补了国家标准和行业标准空白，在本地化国际标准的同时，修订部分内容，并增加测试规程，更好地满足了国内需要。除此之外，车道保持标准的实施将会将大幅度降低驾驶人员的疲劳程度，减少交通事故的发生，减少经济损失，具有很现实的社会效益以及巨大的经济效益。

二、《智能汽车电子地图数据模型与交换格式 第1部分：高速公路》

由北京四维图新科技股份有限公司、高德软件有限公司、北京百度网讯科技有限公司牵头起草的《智能汽车电子地图数据模型与交换格式 第1部分：高速公路》团体标准，规定了智能汽车电子地图数据模型与交换格式的产品要求，包括术语和定义，精度、坐标系统、数据内容和基本属性，以及电子地图数据的模型、不同类型的数据在使用环境中的主要作用等。该标准统一了高速公路智能电子地图的精度要求、制作内容及输出内容，有利于解决不同街景地图之间数据兼容性以及服务水平一致性的问题，为智能驾驶产业提供技术基础。该标准涉及的内容是目前技术最先进、要素最复杂、产品精度要求最高的地图数据制作系统，为达到标准要求的精度，数据在制作中需要采用一系列先进设备和前沿技术；为提高该标准的可用性，在数据采集中采用设计了一系列方式和方法。从产业化情况考虑，该标准对自动驾驶技术起到积极的推动作用，其研究成果具有先进性，为电子地图产业的变革提供了技术储备，是智能交通管理系统急需的关键技术之一。

第十节 填补空白　便利贸易　促进行业创新转型和绿色发展

化纤工业是我国具有国际竞争优势的产业，是纺织工业整体竞争力提升的重要支柱产业，也是战略性新兴产业的重要组成部分。我国是化纤生产大国，2016年化纤产量4944万吨，超过全世界的70%，占我国纺织纤维加工总量的84%左右。中国化学纤维工业协会自成立以来，立项并发布了多项团体标准，下面重点介绍《仿棉聚酯纤维》等五项团体标准。

一、《仿棉聚酯纤维》（T/CCFA 01006.1-6—2013）

《仿棉聚酯纤维》标准的出台，规范并带动了仿棉纤维的发展。据统计，近几年仿棉聚酯纤维对中国化纤产业的平均贡献率为0.817%，即中国化纤产业销售总值每增加10000元其中有81.7元是仿棉纤维创造的，折算拉动中国化纤产业销售总值上涨1.32个点。此外，仿棉纤维的行业品牌——“逸绵”也受到消费者热捧。目前仿棉产品已经重点应用于职业装、家居、运动、休闲、牛仔等领域，替代原有聚酯PET纤维，应用于国内外著名运动品牌的服装，提升服装的吸湿排汗功能，改善触感；替代原有聚酯PET纤维和棉纤维，应用于我国武警作训服，护士、石化、公安等职业工装。当仿棉聚酯PET纤维与棉的混纺比由原来聚酯PET纤维占35%提高到65%时，服装的吸湿排汗功能、手感、抗起毛起球、抗皱、免熨烫等功能不降低甚至有所提高。《仿棉聚酯纤维》标准在化纤产业技术创新战略联盟企业内采用，提升了产品质量，规范并拓展了下游市场，联盟开发的仿棉聚酯纤维、面料系列新产品，新增销售收入14亿元~20亿元，利税2亿元~3亿元，节能减排产生经济效益8千万元。

标准应用前景：标准确立了仿棉聚酯纤维产品的技术指标和检测方法，标准的实施一方面为规范仿棉聚酯纤维生产和市场提供了技术基础，另一方面确立了较高的技术指标，依标生产可以为市场提供质量较高的产品，标准的实施也带动了仿棉产品的品牌逐渐深入人心，取得很好的社会效益。

通过标准引领和产品的应用示范，带动了行业内企业对仿棉聚酯纤维的持续关注和不断投入。除联盟内单位外，有多家企业建设了仿棉聚酯纤维生产线，主要有福建百宏11万吨/年，江苏斯尔克8万吨/年，三房巷4万吨/年，共形成产能45万吨。未来，在《仿棉聚酯纤维》标准支撑的“逸棉”品牌带动下，仿棉聚酯纤维会更好满足消费升级需求，从供给侧发力，提升化纤品质，优化仿棉聚酯纤维品牌，助推化纤行业的转型升级。

二、《循环再利用化学纤维（涤纶）行业绿色采购规范》（T/CCFA 00006—2016）

该标准制定过程中吸引了循环再利用涤纶行业的众多龙头企业及主要

原辅料供应商参与，作为化纤协会团体标准于 2016 年 8 月 2 日正式发布后，在循环再利用涤纶行业上下游中产生了广泛影响力。作为规范行业生产的重要标准，也在化纤再生与循环经济产业技术创新战略联盟中推广。为推动化纤行业的绿色转型发展，在工业和信息化部指导下，中国化学纤维工业协会开展了“绿色纤维”标志认证工作，并制定了一整套认证流程及认证标准。《循环再利用化学纤维（涤纶）行业绿色采购规范》标准作为其中一部分，协助判别循环再利用涤纶产品采购、生产过程是否合规。

标准应用前景：循环再利用涤纶行业绿色采购作为化学纤维行业绿色产业链逐渐完善发展过程中率先被打通的环节，将为循环再利用聚酯涤纶行业乃至整个化纤行业逐步实现绿色生产并最终生产绿色纤维提供引领示范作用。

《循环再利用化学纤维（涤纶）行业绿色采购规范》作为化纤产业绿色认证的重要组成部分，将以化纤企业为基础，倒逼上游供应商调整产品生产工艺，实现化纤上游产业的绿色转型。此外，通过行业的共同努力，化纤行业将逐步完善行业的绿色认证体系，以绿色采购规范为起点，逐步完成整个化纤产业链的绿色生产的要求与规范，使化纤行业从原材料的采购到产品的生产、加工、流通、销售、消耗、使用、废弃、循环的整个生命周期中践行绿色理念。

三、《循环再利用聚酯（PET）纤维鉴别方法》（T/CCFA 00005—2016）

循环再利用聚酯纤维包含以废弃聚酯瓶、废丝、废浆、废弃纺织品为原料经处理、纺丝制得的纤维和将废弃聚酯解聚、获得单体再重新合成聚酯后经纺丝制成的纤维。长期以来，由于缺乏检验方法标准，检测机构也无法出具定性报告，再生和原生产品的区分成为企业关注的焦点，造成一些涤纶产品标注混乱，对消费者造成误导，再生涤纶企业也无法享受国家的相关扶持政策。经过较长期的基础研究和对比验证，发现因循环再利用涤纶与原生涤纶加工流程的区别，造成某些特征不同，以此为依据制定标准，使用特定的仪器和方法定性鉴别纤维的属性。《循环再利用聚酯（PET）纤维鉴别方法》团体标准的出台实施，填补了该领域国内外空白，为国家制定相关政策提供了技术支持与保障。

四、《聚苯硫醚/聚四氟乙烯滤料纤维含量分析 差示扫描量热法（DSC）》（T/CCFA 00004—2015）

该标准的发布是化纤协会标准在高性能纤维基础方法标准方面的一个突破，在研制过程中，生产企业与科研院所和检测机构紧密结合，从不同品种高性能纤维的共性入手，统一了滤料定量分析的方法及标准，为下游用户提供了可靠的比对依据，有益于这两种滤料产品的推广应用。同时，该方法不使用化学试剂，节能环保，操作简单，有效降低了环境和人为因素的影响，结果准确可靠、重现性好。

五、《纤维用褐藻酸钠》（T/CCFA 01017—2016）

海藻纤维是生物基纤维的重要品种之一，褐藻酸钠是其主要原料。《纤维用褐藻酸钠》标准规定了纤维用褐藻酸钠的术语定义、技术要求、试验方法、检验规则、标志、包装、运输和贮存。标准适用于从海带、马尾藻、巨藻、泡叶藻等藻类植物中提取的，用于生产纤维的褐藻酸钠。标准对黏度、水不溶物、钙离子等凝胶性金属离子含量、白度、结构组成、水分、灰分、pH、以铅计重金属总含量、分子量分布指标值做出规定，以上指标与食品级和医用产品相比，规定项目增多，尤其是分子量分布指标的设定突显了纤维用褐藻酸钠标准的针对性和科学性，为海藻纤维行业的健康发展提供了基础技术保障。

第十一节
立足光伏领域　打造山东省首部团体标准

近年来随着电池组件成本不断降低，光伏农业得到迅速发展，被业内认为是一种新兴产业发展模式，也是我国经济低碳、绿色转型发展和农业转方式、调结构的有效途径。然而由于光伏农业技术与管理标准空白，导致光伏农业市场出现混乱，有的以光伏农业名义获得土地，实际只进行光伏发电，而忽略农业发展；有的简单地将光伏与农业大棚结合，导致发电搞不好，土地上的作物也长不好；有的由于没有相应的技术支撑及硬件支持，大棚内温度、湿度和阳光等无法得到有效控制，使作物生长受到严重影响。

为了解决目前光伏与农业结合的不协调问题，实现光伏农业的科学化、规范化和标准化，需要标准以规范光伏农业市场。然而，对于“智能光伏农业”没有国家标准、行业标准、地方标准，生产及施工企业也缺乏相应的企业标准。

为配合国家光伏产业扶贫工程的开展，在山东省质量技术监督局的关心和指导下，山东省太阳能行业协会提出制定《光伏农业大棚建造技术规范》团体标准。2015 年 5 月 18 日，山东太阳能行业协会召开了该标准项目启动会，上海、浙江、山东等地共 21 家相关企业参加标准编写。标准制定中，为获取相关的技术数据，标准起草单位专门建造光伏农业大棚开展光伏发电和蔬菜、食用菌等的栽培试验，最终得出光伏发电和农业栽培的产量、质量和能源利用的翔实数据，为进一步示范推广打下坚实基础。2015 年 12 月 15 日，《光伏农业大棚及园区建设技术规范》(T/SDSIA 1—2015) 发布，于 2016 年 1 月 1 日开始实施。该标准从选址、规划、设计、施工和验收等方面进行了相应规定，并对大棚的建筑结构、给排水、暖通、电气、可追溯体系、使用寿命等做出了具体要求。

明确光伏农业，就是将光伏发电与设施农业相结合，同时满足光伏发电与农业生产的基本要求，达到温度、湿度、光照等有效控制，实现光伏发电与设施农业生产互相促进的节地、节能、高效的现代农业科技综合体。依照这个思路建造的智能化光伏农业大棚，利用计算机等现代数据处理技术和太阳能、地能、生物能等能量转换技术，把光伏发电、蔬菜种植、食用菌栽培等紧密结合起来，在太阳能的作用下，充分利用其产生的电能、热能、氧气和二氧化碳等，相互转化和利用，形成了高效、节地、节水、节能、环保的智能农业复合体。

该项团体标准是山东省的首部团体标准，也是全国首个“光伏农业”领域的标准，填补标准空白的同时，也为实现农业技术提档升级开辟了一个新的领域。通过这项团体标准的发布实施，一方面可以提高光伏农业的进入门槛，有效避免光伏农业的无序竞争，规范光伏农业市场秩序，促进光伏农业有序发展；另一方面，可以使光伏扶贫工程、光伏园区建设项目等做到“立项有政策，招标有依据，验收有标准，审计有尺度”。

附录

附录 A

中华人民共和国标准化法

（1988 年 12 月 29 日第七届全国人民代表大会常务委员会第五次会议通过，2017 年 11 月 4 日第十二届全国人民代表大会常务委员会第三十次会议修订）

第一章　总　则

第一条　为了加强标准化工作，提升产品和服务质量，促进科学技术进步，保障人身健康和生命财产安全，维护国家安全、生态环境安全，提高经济社会发展水平，制定本法。

第二条　本法所称标准（含标准样品），是指农业、工业、服务业以及社会事业等领域需要统一的技术要求。

标准包括国家标准、行业标准、地方标准和团体标准、企业标准。国家标准分为强制性标准、推荐性标准，行业标准、地方标准是推荐性标准。

强制性标准必须执行。国家鼓励采用推荐性标准。

第三条　标准化工作的任务是制定标准、组织实施标准以及对标准的制定、实施进行监督。

县级以上人民政府应当将标准化工作纳入本级国民经济和社会发展规划，将标准化工作经费纳入本级预算。

第四条　制定标准应当在科学技术研究成果和社会实践经验的基础上，深入调查论证，广泛征求意见，保证标准的科学性、规范性、时效性，提高标准质量。

第五条　国务院标准化行政主管部门统一管理全国标准化工作。国务院有关行政主管部门分工管理本部门、本行业的标准化工作。

县级以上地方人民政府标准化行政主管部门统一管理本行政区域内的标准化工作。县级以上地方人民政府有关行政主管部门分工管理本行政区域内本部门、本行业的标准化工作。

第六条 国务院建立标准化协调机制，统筹推进标准化重大改革，研究标准化重大政策，对跨部门跨领域、存在重大争议标准的制定和实施进行协调。

设区的市级以上地方人民政府可以根据工作需要建立标准化协调机制，统筹协调本行政区域内标准化工作重大事项。

第七条 国家鼓励企业、社会团体和教育、科研机构等开展或者参与标准化工作。

第八条 国家积极推动参与国际标准化活动，开展标准化对外合作与交流，参与制定国际标准，结合国情采用国际标准，推进中国标准与国外标准之间的转化运用。

国家鼓励企业、社会团体和教育、科研机构等参与国际标准化活动。

第九条 对在标准化工作中做出显著成绩的单位和个人，按照国家有关规定给予表彰和奖励。

第二章 标准的制定

第十条 对保障人身健康和生命财产安全、国家安全、生态环境安全以及满足经济社会管理基本需要的技术要求，应当制定强制性国家标准。

国务院有关行政主管部门依据职责负责强制性国家标准的项目提出、组织起草、征求意见和技术审查。国务院标准化行政主管部门负责强制性国家标准的立项、编号和对外通报。国务院标准化行政主管部门应当对拟制定的强制性国家标准是否符合前款规定进行立项审查，对符合前款规定的予以立项。

省、自治区、直辖市人民政府标准化行政主管部门可以向国务院标准化行政主管部门提出强制性国家标准的立项建议，由国务院标准化行政主管部门会同国务院有关行政主管部门决定。社会团体、企业事业组织以及公民可以向国务院标准化行政主管部门提出强制性国家标准的立项建议，国务院标准化行政主管部门认为需要立项的，会同国务院有关行政主管部门决定。

强制性国家标准由国务院批准发布或者授权批准发布。

法律、行政法规和国务院决定对强制性标准的制定另有规定的，从其规定。

第十一条 对满足基础通用、与强制性国家标准配套、对各有关行业起引领作用等需要的技术要求，可以制定推荐性国家标准。

推荐性国家标准由国务院标准化行政主管部门制定。

第十二条 对没有推荐性国家标准、需要在全国某个行业范围内统一的技术要求，可以制定行业标准。

行业标准由国务院有关行政主管部门制定，报国务院标准化行政主管部门备案。

第十三条 为满足地方自然条件、风俗习惯等特殊技术要求，可以制定地方标准。

地方标准由省、自治区、直辖市人民政府标准化行政主管部门制定；设区的市级人民政府标准化行政主管部门根据本行政区域的特殊需要，经所在地省、自治区、直辖市人民政府标准化行政主管部门批准，可以制定本行政区域的地方标准。地方标准由省、自治区、直辖市人民政府标准化行政主管部门报国务院标准化行政主管部门备案，由国务院标准化行政主管部门通报国务院有关行政主管部门。

第十四条 对保障人身健康和生命财产安全、国家安全、生态环境安全以及经济社会发展所急需的标准项目，制定标准的行政主管部门应当优先立项并及时完成。

第十五条 制定强制性标准、推荐性标准，应当在立项时对有关行政主管部门、企业、社会团体、消费者和教育、科研机构等方面的实际需求进行调查，对制定标准的必要性、可行性进行论证评估；在制定过程中，应当按照便捷有效的原则采取多种方式征求意见，组织对标准相关事项进行调查分析、实验、论证，并做到有关标准之间的协调配套。

第十六条 制定推荐性标准，应当组织由相关方组成的标准化技术委员会，承担标准的起草、技术审查工作。制定强制性标准，可以委托相关标准化技术委员会承担标准的起草、技术审查工作。未组成标准化技术委员会的，应当成立专家组承担相关标准的起草、技术审查工作。标准化技术委员会和专家组的组成应当具有广泛代表性。

第十七条 强制性标准文本应当免费向社会公开。国家推动免费向社会公开推荐性标准文本。

第十八条 国家鼓励学会、协会、商会、联合会、产业技术联盟等社会团体协调相关市场主体共同制定满足市场和创新需要的团体标准，由本团体成员约定采用或者按照本团体的规定供社会自愿采用。

制定团体标准，应当遵循开放、透明、公平的原则，保证各参与主体获取相关信息，反映各参与主体的共同需求，并应当组织对标准相关事项进行调查分析、实验、论证。

国务院标准化行政主管部门会同国务院有关行政主管部门对团体标准的制定进行规范、引导和监督。

第十九条　企业可以根据需要自行制定企业标准，或者与其他企业联合制定企业标准。

第二十条　国家支持在重要行业、战略性新兴产业、关键共性技术等领域利用自主创新技术制定团体标准、企业标准。

第二十一条　推荐性国家标准、行业标准、地方标准、团体标准、企业标准的技术要求不得低于强制性国家标准的相关技术要求。

国家鼓励社会团体、企业制定高于推荐性标准相关技术要求的团体标准、企业标准。

第二十二条　制定标准应当有利于科学合理利用资源，推广科学技术成果，增强产品的安全性、通用性、可替换性，提高经济效益、社会效益、生态效益，做到技术上先进、经济上合理。

禁止利用标准实施妨碍商品、服务自由流通等排除、限制市场竞争的行为。

第二十三条　国家推进标准化军民融合和资源共享，提升军民标准通用化水平，积极推动在国防和军队建设中采用先进适用的民用标准，并将先进适用的军用标准转化为民用标准。

第二十四条　标准应当按照编号规则进行编号。标准的编号规则由国务院标准化行政主管部门制定并公布。

第三章　标准的实施

第二十五条　不符合强制性标准的产品、服务，不得生产、销售、进口或者提供。

第二十六条　出口产品、服务的技术要求，按照合同的约定执行。

第二十七条　国家实行团体标准、企业标准自我声明公开和监督制度。

企业应当公开其执行的强制性标准、推荐性标准、团体标准或者企业标准的编号和名称；企业执行自行制定的企业标准的，还应当公开产品、服务的功能指标和产品的性能指标。国家鼓励团体标准、企业标准通过标准信息公共服务平台向社会公开。

企业应当按照标准组织生产经营活动，其生产的产品、提供的服务应当符合企业公开标准的技术要求。

第二十八条 企业研制新产品、改进产品，进行技术改造，应当符合本法规定的标准化要求。

第二十九条 国家建立强制性标准实施情况统计分析报告制度。

国务院标准化行政主管部门和国务院有关行政主管部门、设区的市级以上地方人民政府标准化行政主管部门应当建立标准实施信息反馈和评估机制，根据反馈和评估情况对其制定的标准进行复审。标准的复审周期一般不超过五年。经过复审，对不适应经济社会发展需要和技术进步的应当及时修订或者废止。

第三十条 国务院标准化行政主管部门根据标准实施信息反馈、评估、复审情况，对有关标准之间重复交叉或者不衔接配套的，应当会同国务院有关行政主管部门作出处理或者通过国务院标准化协调机制处理。

第三十一条 县级以上人民政府应当支持开展标准化试点示范和宣传工作，传播标准化理念，推广标准化经验，推动全社会运用标准化方式组织生产、经营、管理和服务，发挥标准对促进转型升级、引领创新驱动的支撑作用。

第四章 监督管理

第三十二条 县级以上人民政府标准化行政主管部门、有关行政主管部门依据法定职责，对标准的制定进行指导和监督，对标准的实施进行监督检查。

第三十三条 国务院有关行政主管部门在标准制定、实施过程中出现争议的，由国务院标准化行政主管部门组织协商；协商不成的，由国务院标准化协调机制解决。

第三十四条 国务院有关行政主管部门、设区的市级以上地方人民政府标准化行政主管部门未依照本法规定对标准进行编号、复审或者备案的，国务院标准化行政主管部门应当要求其说明情况，并限期改正。

第三十五条　任何单位或者个人有权向标准化行政主管部门、有关行政主管部门举报、投诉违反本法规定的行为。

标准化行政主管部门、有关行政主管部门应当向社会公开受理举报、投诉的电话、信箱或者电子邮件地址，并安排人员受理举报、投诉。对实名举报人或者投诉人，受理举报、投诉的行政主管部门应当告知处理结果，为举报人保密，并按照国家有关规定对举报人给予奖励。

第五章　法律责任

第三十六条　生产、销售、进口产品或者提供服务不符合强制性标准，或者企业生产的产品、提供的服务不符合其公开标准的技术要求的，依法承担民事责任。

第三十七条　生产、销售、进口产品或者提供服务不符合强制性标准的，依照《中华人民共和国产品质量法》《中华人民共和国进出口商品检验法》《中华人民共和国消费者权益保护法》等法律、行政法规的规定查处，记入信用记录，并依照有关法律、行政法规的规定予以公示；构成犯罪的，依法追究刑事责任。

第三十八条　企业未依照本法规定公开其执行的标准的，由标准化行政主管部门责令限期改正；逾期不改正的，在标准信息公共服务平台上公示。

第三十九条　国务院有关行政主管部门、设区的市级以上地方人民政府标准化行政主管部门制定的标准不符合本法第二十一条第一款、第二十二条第一款规定的，应当及时改正；拒不改正的，由国务院标准化行政主管部门公告废止相关标准；对负有责任的领导人员和直接责任人员依法给予处分。

社会团体、企业制定的标准不符合本法第二十一条第一款、第二十二条第一款规定的，由标准化行政主管部门责令限期改正；逾期不改正的，由省级以上人民政府标准化行政主管部门废止相关标准，并在标准信息公共服务平台上公示。

违反本法第二十二条第二款规定，利用标准实施排除、限制市场竞争行为的，依照《中华人民共和国反垄断法》等法律、行政法规的规定处理。

第四十条　国务院有关行政主管部门、设区的市级以上地方人民政府标准化行政主管部门未依照本法规定对标准进行编号或者备案，又未依照本法第三十四条的规定改正的，由国务院标准化行政主管部门撤销相关标准编号或者公告废止未备案标准；对负有责任的领导人员和直接责任人员依法给予处分。

国务院有关行政主管部门、设区的市级以上地方人民政府标准化行政主管部门未依照本法规定对其制定的标准进行复审，又未依照本法第三十四条的规定改正的，对负有责任的领导人员和直接责任人员依法给予处分。

第四十一条 国务院标准化行政主管部门未依照本法第十条第二款规定对制定强制性国家标准的项目予以立项，制定的标准不符合本法第二十一条第一款、第二十二条第一款规定，或者未依照本法规定对标准进行编号、复审或者予以备案的，应当及时改正；对负有责任的领导人员和直接责任人员可以依法给予处分。

第四十二条 社会团体、企业未依照本法规定对团体标准或者企业标准进行编号的，由标准化行政主管部门责令限期改正；逾期不改正的，由省级以上人民政府标准化行政主管部门撤销相关标准编号，并在标准信息公共服务平台上公示。

第四十三条 标准化工作的监督、管理人员滥用职权、玩忽职守、徇私舞弊的，依法给予处分；构成犯罪的，依法追究刑事责任。

第六章 附 则

第四十四条 军用标准的制定、实施和监督办法，由国务院、中央军事委员会另行制定。

第四十五条 本法自 2018 年 1 月 1 日起施行。

附录 B

团体标准管理规定（试行）

（2017 年 12 月 15 日　国质检标联［2017］536 号）

第一章　总　则

第一条　为规范、引导和监督团体标准化工作，根据《中华人民共和国标准化法》，制定本规定。

第二条　团体标准的制定、实施和监督适用本规定。

第三条　团体标准是依法成立的社会团体为满足市场和创新需要，协调相关市场主体共同制定的标准。

第四条　国务院标准化行政主管部门统一管理团体标准化工作。国务院有关行政主管部门分工管理本部门、本行业的团体标准化工作。

县级以上地方人民政府标准化行政主管部门统一管理本行政区域内的团体标准化工作。县级以上地方人民政府有关行政主管部门分工管理本行政区域内本部门、本行业的团体标准化工作。

第五条　国家实行团体标准自我声明公开和监督制度。

第六条　鼓励社会团体参与国际标准化活动，推进团体标准国际化。

第二章　团体标准的制定

第七条　社会团体开展团体标准化工作，应当配备熟悉标准化相关法律法规、政策和专业知识的工作人员，建立具有标准化管理协调和标准研制等功能的内部工作部门，制定相关的管理办法和标准知识产权政策，明确团体标准制定、实施的程序和要求。

第八条　制定团体标准应当有利于科学合理利用资源，推广科学技术成果，增强产品的安全性、通用性、可替换性，提高经济效益、社会效益、生态效益，做到技术上先进、经济上合理。

禁止利用团体标准实施妨碍商品、服务自由流通等排除、限制市场竞争的行为。

第九条 团体标准应当符合相关法律法规的要求，不得与国家有关产业政策相抵触。

第十条 团体标准的技术要求不得低于强制性标准的相关技术要求。

第十一条 国家鼓动社会团体制定高于推荐性标准相关技术要求的团体标准；鼓励制定具有国际领先水平的团体标准。

第十二条 制定团体标准的一般程序包括：提案、立项、起草、征求意见、技术审查、批准、编号、发布、复审。

第十三条 团体标准的编写参照GB/T 1.1《标准化工作导则 第1部分：标准的结构和编写》的规定执行。

团体标准的封面格式应当符合要求，具体格式见附件。

第十四条 社会团体应当合理处置团体标准中涉及的必要专利问题，应当及时披露相关专利信息，获得专利权人的许可声明。

第十五条 团体标准编号依次由团体标准代号、社会团体代号、团体标准顺序号和年代号组成。团体标准编号方法如下：

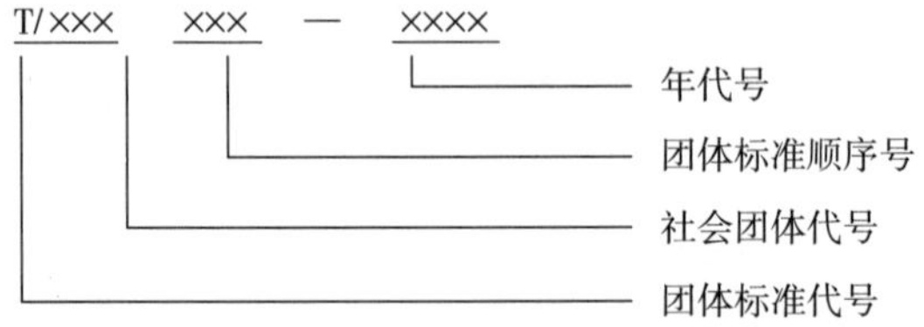

社会团体代号由社会团体自主拟定，可使用大写拉丁字母或大写拉丁字母与阿拉伯数字的组合。社会团体代号应当合法，不得与现有标准代号重复。

第十六条 社会团体应当公开其团体标准的名称、编号等信息。团体标准涉及专利的，还应当公开标准涉及专利的信息。鼓励社会团体公开其团体标准的全文或主要技术内容。

第十七条 社会团体应当自我声明其公开的团体标准符合法律法规和强制性标准的要求，符合国家有关产业政策，并对公开信息的合法性、真实性负责。

第十八条 国家鼓励社会团体通过标准信息公共服务平台自我声明公开其团体标准信息。

社会团体到标准信息公共服务平台上自我声明公开信息的，需提供社会团体法人证书、开展团体标准化工作的内部工作部门及工作人员信息、团体标准制修订程序等相关文件，并自我承诺对以上材料的合法性、真实性负责。

第十九条　社会团体应当合理处置团体标准涉及的版权问题，及时处理团体标准的版权归属，明确相关版权的处置规则、程序和要求。

第二十条　鼓励社会团体之间开展团体标准化合作，共同研制或发布标准。

第二十一条　鼓励标准化研究机构和专业标准化技术委员会充分发挥技术优势，面向社会团体开展标准研制、标准化人员培训、标准化技术咨询等服务。

第三章　团体标准的实施

第二十二条　团体标准由本团体成员约定采用或者按照本团体的规定供社会自愿采用。

第二十三条　社会团体自行负责其团体标准的推广与应用。社会团体可以通过自律公约的方式推动团体标准的实施。

第二十四条　社会团体自愿向第三方机构申请开展团体标准化良好行为评价。

团体标准化良好行为评价应当按照团体标准化系列国家标准（GB/T 20004）开展，并向社会公开评价结果。

第二十五条　团体标准实施效果良好，且符合国家标准、行业标准或地方标准制定要求的，团体标准发布机构可以申请转化为国家标准、行业标准或地方标准。

第二十六条　鼓励各部门、各地方在产业政策制定、行政管理、政府采购、社会管理、检验检测、认证认可、招投标等工作中应用团体标准。

第二十七条　鼓励各部门、各地方将团体标准纳入各级奖项评选范围。

第四章　团体标准的监督

第二十八条　社会团体登记管理机关责令限期停止活动的社会团体，在停止活动期间不得开展团体标准化活动。

第二十九条　县级以上人民政府标准化行政主管部门、有关行政主管部门依据法定职责，对团体标准的制定进行指导和监督，对团体标准的实施进行监督检查。

第三十条 任何单位或者个人有权对不符合法律法规、强制性标准、国家有关产业政策要求的团体标准进行投诉和举报。

第三十一条 标准化行政主管部门、有关行政主管部门应当向社会公开受理举报、投诉的电话、信箱或者电子邮件地址，并安排人员受理举报、投诉。

第三十二条 社会团体制定的团体标准不符合法律法规、强制性标准、国家有关产业政策规定的，由标准化行政主管部门责令限期改正；逾期不改正的，由省级以上人民政府标准化行政主管部门废止相关团体标准，并在标准信息公共服务平台上公示，同时向社会团体登记管理机关通报，由社会团体登记管理机关将其违规行为纳入社会团体信用体系。

第三十三条 社会团体制定的团体标准不符合“有利于科学合理利用资源，推广科学技术成果，增强产品的安全性、通用性、可替换性，提高经济效益、社会效益、生态效益，做到技术上先进、经济上合理”的，由标准化行政主管部门责令限期改正；逾期不改正的，由省级以上人民政府标准化行政主管部门废止相关团体标准，并在标准信息公共服务平台上公示。

第三十四条 社会团体未依照本规定对团体标准进行编号的，由标准化行政主管部门责令限期改正；逾期不改正的，由省级以上人民政府标准化行政主管部门撤销相关标准编号，并在标准信息公共服务平台上公示。

第三十五条 利用团体标准实施排除、限制市场竞争行为的，依照《中华人民共和国反垄断法》等法律、行政法规的规定处理。

第五章 附 则

第三十六条 本规定由国务院标准化行政主管部门负责解释。

第三十七条 本规定自发布之日起实施。

第三十八条 《关于培育和发展团体标准的指导意见》自本规定发布之日起废止。

附件：团体标准的封面格式（略）

附录C

ICS 01.120
A 00

中华人民共和国国家标准

GB/T 20004.1—2016

团体标准化　第1部分:良好行为指南

Social organization standardization—Part 1:Guidelines for good practice

2016-04-25 发布　　　　2016-04-25 实施

中华人民共和国国家质量监督检验检疫总局
中国国家标准化管理委员会　发布

前　言

GB/T 20004《团体标准化》与 GB/T 1《标准化工作导则》、GB/T 20000《标准化工作指南》、GB/T 20001《标准编写规则》、GB/T 20002《标准中特定内容的起草》和 GB/T 20003《标准制定的特殊程序》共同构成支撑标准制定工作的基础性系列国家标准。

GB/T 20004《团体标准化》拟分为如下部分：

——第 1 部分：良好行为指南；

——第 2 部分：良好行为评价。

本部分为 GB/T 20004 的第 1 部分。

本部分按照 GB/T 1.1—2009《标准化工作导则　第 1 部分：标准的结构和编写》给出的规则起草。

请注意本文件的某些内容可能涉及专利。本文件的发布机构不承担识别这些专利的责任。

本部分由全国标准化原理与方法标准化技术委员会(SAC/TC 286)提出并归口。

本部分起草单位：中国标准化研究院、中国特种设备检测研究院、北京市闪联信息产业协会、西门子(中国)有限公司、深圳市智慧安防行业协会、中国科协学会服务中心、北京市专利代理人协会、中国保险协会。

本部分主要起草人：王益谊、杜晓燕、逄征虎、白殿一、刘三江、张维华、冯晓升、朱翔华、蓝麒、张小林、曾雁鸿、刘慎斋、张珺、黄永衡、詹达天、田川、王亚宁、强毅、刘泽华、吴丽萍、高永懿、张莹、洑春干、丁蔚、葛建军、姚歆、侯福深。

引　言

近年来，为满足市场、科技快速变化及多样性需求，我国一些学会、协会、商会、联合会、产业技术联盟等社会团体开展标准制定与实施活动，产生了学会标准、协会标准等多种形式的团体标准。这些团体标准的制定和实施在市场经济运行中发挥了积极的作用。

标准化遵循着一定的运行规律和行为准则，本身也需要规范化。为引导具有标准化需求且已具有一定标准化工作基础的团体改进和完善标准化活动，特制定本部分。

团体标准化　第1部分:良好行为指南

1　范围

GB/T 20004 的本部分提供了团体开展标准化活动的一般原则,以及团体标准制定机构的管理运行、团体标准的制定程序和编写规则等方面的良好行为指南。

本部分适用于指导各类团体开展标准化活动。

注:除非特殊说明,本部分中“团体”指“社会团体”。

2　规范性引用文件

下列文件对于本文件的应用是必不可少的。凡是注日期的引用文件,仅注日期的版本适用于本文件。凡是不注日期的引用文件,其最新版本(包括所有的修改单)适用于本文件。

GB/T 1.1　标准化工作导则　第1部分:标准的结构和编写

GB/T 20000.1　标准化工作指南　第1部分:标准化和相关活动的通用术语

GB/T 20003.1　标准制定的特殊程序　第1部分:涉及专利的标准

3　术语和定义

GB/T 20000.1 界定的以及下列术语和定义适用于本文件。为了便于使用,以下重复列出了 GB/T 20000.1 中的一些术语和定义。

3.1

标准　standard

通过标准化活动,按照规定的程序经协商一致制定,为各种活动或其结果提供规则、指南或特性,供共同使用和重复使用的文件。

注1:标准宜以科学、技术和经验的综合成果为基础。

注2:规定的程序指制定标准的机构颁布的标准制定程序。

[GB/T 20000.1—2014,定义 5.3]

3.2

团体标准　social organization standard

由团体按照自行规定的标准制定程序制定并发布,供团体成员或社会自愿采用的标准。

4　一般原则

4.1　开放

团体开展标准化活动宜面向所有成员开放,反映成员需求,并确保成员能够有机会参与标准化活动。鼓励团体面向所有方面开放加入团体的渠道。

4.2　公平

团体开展标准化活动宜确保成员享有与成员身份相对应的权利,并承担相应的义务。

4.3　透明

团体开展标准化活动宜通过适当的渠道向所有成员提供团体的标准化组织机构、运行机制、决策规则、标准制定程序及标准化工作进展等方面的信息，团体可通过公开的渠道对外公布与团体标准化活动有关的信息。

4.4　协商一致

团体开展标准化活动宜以协商一致为原则，按照标准制定程序考虑利益相关方的不同观点，协调争议，妥善解决对于实质性问题的反对意见，获得团体成员普遍同意。

4.5　促进贸易和交流

团体标准宜符合市场、贸易需求，不妨碍公平竞争，不限制团体标准实施者基于团体标准开发竞争性技术和进行技术创新，促进行业的健康发展。

5　团体标准化的组织管理

5.1　功能及组织机构

5.1.1　功能

团体开展标准化活动的组织机构宜具有以下功能：

a) 标准化决策：包括制定团体标准化的战略规划，对与团体标准化活动相关的政策、制度和标准化文件的通过等进行决策；
b) 标准技术工作管理协调：包括制定团体标准化工作的各项政策和制度；管理和协调团体标准化工作，处理有关团体标准的制定程序、编写规则、知识产权管理等具体事项以及标准制定中出现的争议；开展与其他标准化机构的联络；根据团体不同领域建立具有广泛代表性的标准化技术组织，确定标准化技术组织的工作范围等；
c) 标准编制：包括起草标准化技术组织的工作计划，完成具体标准的起草并就标准技术内容达成协商一致等。

5.1.2　组织机构

5.1.2.1　为了实现5.1.1所述的功能，必要时，团体宜组建相应的机构，并根据第4章所确立的一般原则开展工作。这些机构可包括但不限于以下类型：

a) 决策机构：具有5.1.1a)所述的功能，可包括但不限于理事会、董事会、全体大会等形式的机构；
b) 管理协调机构：具有5.1.1b)所述的功能，可包括但不限于标准管理委员会、秘书处、专家咨询委员会等形式的机构；
c) 标准编制机构：具有5.1.1c)所述的功能，可包括但不限于技术委员会、工作组等形式的机构。

5.1.2.2　组织机构的组建原则、组建程序、组成、工作职责、工作程序、变更和撤销流程与要求等内容宜在团体的相关制度中明确界定。

5.2　工作机制

5.2.1　会议的组织

团体宜制定与标准化活动有关的会议组织制度，对会议的频率、方式、参加人员以及组织召开会议的要求等进行规范。标准制定程序（见6.2）中的会议可采用一般会议方式或电子手段开展，例如电话、视频会议等。会议文件(通知、标准草案等)宜采用诸如电子邮件等电子手段提前发送给团体成员及其他参会人员。

5.2.2 申诉

团体宜设置申诉制度,以明确团体成员对标准化活动的申诉权限、申诉内容,以及团体内相关机构处理成员申诉的程序和要求,以便于团体成员进行申诉。

5.2.3 与其他标准化机构的联络

为了协调团体与其他标准化机构(如国内、国外和国际的标准化机构)的活动,团体可与这些机构建立联络,例如,互派观察员、彼此作为联络组织等。

5.3 知识产权管理

5.3.1 专利

5.3.1.1 团体宜制定团体标准涉及专利的政策,以妥善处理团体标准中涉及专利的问题,平衡专利权人与标准实施者的利益,确保自愿实施团体标准的有关各方能够顺利实施团体标准。

5.3.1.2 团体标准涉及专利的政策宜按照 GB/T 20003.1 制定,主要内容宜包括但不限于以下各项:

——团体标准涉及专利问题处置的目标或宗旨;

——对专利权人进行专利信息披露的相关要求;

——基于公平、合理(包括免费或收取合理许可费)和无歧视条件进行自愿性专利实施许可承诺的要求;

——对标准所涉及专利信息的公布要求;

——专利转让后许可承诺的存续要求。

5.3.1.3 团体标准涉及专利的政策宜由成员按照议事规则协商一致制定。

5.3.2 版权

5.3.2.1 团体宜制定团体标准版权政策,以避免团体标准在使用和销售过程中产生版权纠纷,促进团体标准的制定和传播。

5.3.2.2 团体标准版权政策宜包括但不限于以下内容:

——团体标准版权的归属,以及相关版权的处置规则、程序和要求;

——团体标准公开的程度和范围;

——起草人和团体成员关于版权的权利和义务;

——团体标准出版物的使用和销售;

——第三方使用和销售团体标准的原则、程序和要求。

5.3.2.3 团体在制定团体标准过程中引用或参考其他标准组织或机构发布的标准时,宜注意所引用或参考标准的发布组织或机构的版权政策。

5.3.3 商标

团体可将团体标准的标志注册为商标,用于团体标准的推广、宣传等活动。

5.4 标准编号与文件管理

5.4.1 标准编号

5.4.1.1 团体标准编号宜由团体标准代号、团体代号、团体标准顺序号和年代号组成。其中,团体标准代号是固定的，为“T/”；团体代号由各团体自主拟定，宜全部使用大写拉丁字母或大写拉丁字母与阿拉伯数字的组合，不宜以阿拉伯数字结尾。编号结构如下所示：

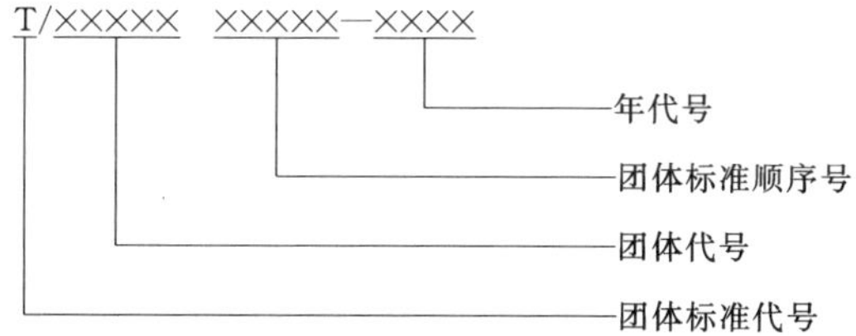

示例：T/CAS 115—2015

5.4.1.2 鼓励团体在制定团体标准之前，在全国团体标准信息平台上对拟使用的团体代号进行查重。

5.4.2 文件管理

5.4.2.1 团体宜建立文件管理制度，明确文件编号规则、归档要求以及存档的时限要求等内容。

5.4.2.2 以下类型的文件纳入文件管理的范畴：

——制度文件：主要包括团体章程、标准化机构（具有5.1.1所述功能的机构）管理运行文件、标准制定程序文件、标准编写规则文件、专利政策、版权政策等。

——团体标准化文件及草案：指由团体正式发布的团体标准、其他标准化文件以及这些团体标准化文件制定过程中的阶段性文件（如团体标准讨论稿、征求意见稿等）。

——工作文件：指团体标准制定过程中形成的除团体标准化文件及草案之外的其他文件，例如项目提案、编制说明、反馈意见、意见汇总处理表、会议纪要等其他记录团体标准制定流程的文件。

6 团体标准制定程序

6.1 通则

6.1.1 团体宜规定团体标准制定程序予以正式发布并实施。团体标准制定程序宜制定为单独的文件，如适宜，也可列入团体的相关制度文件。

团体标准制定程序可包括如下阶段：

a) 提案；
b) 立项；
c) 起草；
d) 征求意见和审查；
e) 通过和发布；
f) 复审。

注：标准制定程序是一般技术文件成为标准的必要条件之一。它为团体成员能够公平有效地参与团体标准制定、获取相关文件、知悉有关信息等提供途径；促进团体标准制定过程的规范化，提高标准制定工作质量和工作效率。

6.1.2 团体标准制定程序宜明确每个阶段的工作内容、工作主体、期限、进入下一阶段的条件等。

6.2 程序

6.2.1 提案

提案阶段的主要工作是标准编制机构接收标准制修订项目提案，对项目提案进行评估后形成团体标准项目建议书，并上报管理协调机构。

6.2.2 立项

立项阶段的主要工作是管理协调机构对团体标准项目建议书的必要性、可行性等进行审查，审查通过后形成团体标准制修订项目计划。团体宜在全体成员范围内通报团体标准制修订项目计划，以便成员参与标准编制工作或发表意见。鼓励团体通过合适的渠道向社会公布团体标准制修订项目计划。

6.2.3 起草

起草阶段的主要工作是标准编制机构对相关事宜进行调查分析、实验和验证等，确定标准技术内容，不断讨论和完善，形成拟用于征求意见的团体标准草案。

6.2.4 征求意见和审查

征求意见和审查阶段的主要工作是标准编制机构对团体标准征求意见稿进行征求意见，并对反馈意见进行处理、协调，从技术角度进行审查后，经过协商一致或投票方式对是否通过给出结论。团体标准宜在全体成员范围内征求意见。鼓励团体通过合适的渠道向社会公开征求意见。

6.2.5 通过和发布

通过和发布阶段的主要工作是标准化决策机构按照议事规则通过团体标准，并予以公开发布。团体在发布团体标准的同时，宜在团体标准信息平台上公开团体标准的基本信息。

6.2.6 复审

复审阶段的主要工作是标准编制机构根据技术发展、市场需求，对已发布的团体标准的适用性进行评估，并给出复审结论。

7 团体标准的编写

7.1 编写准备

编制团体标准前宜充分搜集相应标准化对象的国内外标准、技术法规、技术发展趋势文献、科技文献等参考资料，明确标准的编制目的、范围和内容框架。

7.2 编写原则

团体宜按照 GB/T 1.1 制定统一的标准编写规则，包括团体标准的结构、起草表述方法、格式等内容，以提高团体标准的适用性。

团体标准编写中涉及如下方面的内容时，宜遵守相关基础通用国家标准的规定：

——标准化原理和方法；

——标准化术语；

——术语的原则和方法；

——量、单位及其符号；

——符号、代号和缩略语；

——参考文献的标引；

——技术制图；

——技术文件编制；

——图形符号；

——极限、配合和表面特征；

——优先数；
——统计方法；
——环境条件和有关试验；
——安全；
——电磁兼容；
——符合性和质量；
——环境管理等。

7.3 结构

团体在编制团体标准时，结构宜参照如下体例：

a) 封面；
b) 目次；
c) 前言；
d) 引言；
e) 标准名称；
f) 范围；
g) 规范性引用文件；
h) 规范性技术要素；
i) 附录(规范性、资料性)；
j) 参考文献；
k) 索引。

8 团体标准的推广与应用

团体宜利用培训、论坛、媒体等技术交流与传播途径宣传和推广团体标准。

适宜时，团体宜建立基于其团体标准的合格评定制度，制定有关合格评定方案、符合性标志等合格评定制度文件以及相关技术文件，制定过程宜吸收合格评定机构的参与。

参 考 文 献

[1] GB/T 20000.6—2006 标准化工作指南 第6部分:标准化良好行为规范

[2] 《WTO/TBT协定》的附件3“编制、采用和应用标准的良好行为规范”

[3] ITU-T/ITU-R/ISO/IEC共同专利政策实施指南

附录 D

关于培育和发展工程建设团体标准的意见

（2016 年 11 月 15 日　建办标〔2016〕57 号）

为落实《国务院关于印发深化标准化工作改革方案的通知》(国发〔2015〕13 号)，促进社会团体批准发布的工程建设团体标准（以下简称团体标准）健康有序发展，建立工程建设国家标准、行业标准、地方标准（以下简称政府标准）与团体标准相结合的新型标准体系，提出以下意见。

一、总体要求

（一）指导思想

贯彻党的十八大和十八届三中、四中、五中、六中全会精神，借鉴国际成熟经验，立足国内实际情况，以满足市场需求和创新发展为出发点，加大工程建设标准供给侧结构性改革，激发社会团体制定标准活力，解决标准缺失滞后问题，支撑保障工程建设持续健康发展。

（二）基本原则

——坚持市场主导，政府引导。发挥市场对资源配置的决定性作用，通过竞争机制促进团体标准发展。政府积极培育团体标准，引导鼓励使用团体标准，为团体标准发展营造良好环境。

——坚持诚信自律，公平公开。加强团体标准制定主体的诚信体系和自律机制建设，提高团体标准公信力。团体标准制定应遵循公共利益优先原则，做到行为规范、程序完备。

——坚持创新驱动，国际接轨。团体标准制定要积极采用创新成果，促进科技成果市场化，推动企业转型升级。鼓励团体标准制定主体积极参与国际标准化活动，提升中国标准国际化水平，促进中国标准“走出去”。

（三）总体目标

到 2020 年，培育一批具有影响力的团体标准制定主体，制定一批与强制性标准实施相配套的团体标准，团体标准化管理制度和工作机制进一步健全和完善。到 2025 年，团体标准化发展更为成熟，团体标准制定主体获得社会广泛认可，团体标准被市场广泛接受，力争在优势和特色领域形成一些具有国际先进水平的团体标准。

二、营造良好环境，增加团体标准有效供给

（一）放开团体标准制定主体

团体标准是指由社会团体批准发布、服务于工程建设的标准。对团体标准制定主体资格，不得设置行政许可，鼓励具有社团法人资格、具备相应专业技术和标准化能力的协会、学会等社会团体制定团体标准，供社会自愿采用。发布的团体标准，不需行政备案。团体标准的著作权由团体标准制定主体享有，并自行组织出版。标准版式应与国际惯例接轨。

（二）扩大团体标准制定范围

在没有国家标准、行业标准的情况下，鼓励团体标准制定主体及时制定团体标准，填补政府标准空白。根据市场需求，团体标准制定主体可通过制定团体标准，细化现行国家标准、行业标准的相关要求，明确具体技术措施，也可制定严于现行国家标准、行业标准的团体标准。团体标准包括各类标准、规程、导则、指南、手册等。

（三）推进政府推荐性标准向团体标准转化

住房城乡建设主管部门原则上不再组织制定推荐性标准。政府标准批准部门要按照《关于深化工程建设标准化工作改革的意见》（建标〔2016〕166 号），加强标准复审，全面清理现行标准，向社会公布可转化成团体标准的项目清单，对确需政府完善的标准，应进行局部修订或整合修订。鼓励有关社会团体主动承接可转化成团体标准的政府标准，对已根据实际情况修订为团体标准的，政府标准批准部门应及时废止相应标准，并向社会公布相关信息。

三、完善实施机制，促进团体标准推广应用

（一）推动使用团体标准

团体标准经建设单位、设计单位、施工单位等合同相关方协商同意并订立合同采用后，即为工程建设活动的依据，必须严格执行。政府有关部门应发挥示范作用，在行政监督管理和政府投资工程项目中，积极采用更加先进、更加细化的团体标准，推动团体标准实施。鼓励社会第三方认证、检测机构积极采用团体标准开展认证、检测工作，提高认证、检测的可靠性和水平。

（二）鼓励引用团体标准

政府相关部门在制定行业政策和标准规范时，可直接引用具有自主创新技术、具备竞争优势的团体标准。被强制性标准引用的团体标准应与该强制性标准同步实施。引用团体标准可全文引用或部分条文引用，同时要加强动态管理，增强责任意识，及时掌握被引用标准的时效性，做好引用与被引用规定的衔接，避免产生矛盾。

（三）加强团体标准宣传和信息服务

团体标准制定主体要加强团体标准的宣传和推广工作，建立或优化现有信息平台，做好对已发布标准的信息公开，以及标准解释、咨询、培训、技术指导和人才培养等服务。鼓励团体标准制定主体在其他媒体上公布其批准发布的标准目录，以及各标准的编号、适用范围、专利应用、主要技术内容等信息，供工程建设人员和社会公众查询。

四、规范编制管理，提高团体标准质量和水平

（一）加强团体标准制度建设

团体标准制定主体应建立健全团体标准管理制度，明确标准编制程序、经费管理、技术审查、咨询解释、培训服务、实施评估等相关要求。团体

标准编号遵循全国统一规则，依次由团体标准代号（T/）、社会团体代号、团体标准顺序号和年代号组成，其中社会团体代号应合法且唯一。

（二）严格团体标准编制管理

团体标准制定主体应遵循开放、公平、透明和协商一致原则，吸纳利益相关方广泛参与。要切实加强标准起草、征求意见、审查、批准等过程管理，确保团体标准技术内容符合其适用地域范围内的法规规定和强制性标准要求。对标准的实施情况要跟踪评价，定期开展团体标准复审，及时开展标准的修订工作，对不符合行业发展和市场需要的团体标准应及时废止。

（三）提高团体标准技术含量

团体标准在内容上应体现先进性。结合国家重大政策贯彻落实和科技专项推广应用，鼓励将具有应用前景和成熟先进的新技术、新材料、新设备、新工艺制定为团体标准，支持专利融入团体标准。对技术水平高、有竞争力的企业标准，在协商一致的前提下，鼓励将其制定为团体标准。鼓励团体标准制定主体借鉴国际先进经验，制定高水平团体标准，积极开展与主要贸易国的标准互认。

五、加强监督管理，严格团体标准责任追究

（一）加强内部监督

团体标准制定主体要完善团体标准自主制定、自主管理、自我约束机制，落实各环节责任，强化责任追究。鼓励团体标准制定主体实施标准化良好行为规范和团体标准化良好行为指南，加强诚信自律建设，规范内部管理，及时回应和处理社会公众的意见和建议、投诉和举报，营造诚实、守信、自律的团体标准信用环境，以高标准、严要求开展标准化工作。

（二）强化社会监督

鼓励团体标准制定主体将团体标准有关管理制度、工作信息向社会公

开，接受社会监督。要在各自网站上设置社会公众参与监督窗口，畅通社会公众特别是团体标准使用者发表意见和建议、投诉和举报的渠道。对违反法律法规和强制性标准的团体标准，有关部门要严肃认真作出相应处理，并在政府门户网站公开处理结果。

附录 E

培育发展工业通信业团体标准的实施意见

（2017 年 12 月 22 日　工信部科〔2017〕324 号）

为加快建立政府主导制定的标准与市场自主制定的标准协同发展、协调配套的新型标准体系，推动工业通信业团体标准化工作健康有序发展，提出如下实施意见：

一、充分认识培育发展团体标准的重要意义

随着我国经济的不断发展，尤其是新技术、新产品和新业态的出现，全社会对标准的需求不断增大，单一的政府标准供给方式已很难满足市场对标准多样化、分层化的需求。大力培育发展团体标准成为加快构建工业通信业新型标准体系的重要手段。一方面，发展团体标准有利于充分发挥市场在标准化资源配置中的决定性作用，提升标准对市场的反应速度和灵敏度，满足不同层次对标准的需求；另一方面，发展团体标准有助于推动工业通信业标准体系的供给侧结构性改革，提升标准与产业发展的结合度，增加标准的有效供给。

二、发展目标与基本原则

立足制造强国、网络强国的战略全局，紧密围绕《中国制造 2025》的重点领域，以推进团体标准应用示范为重点，逐步形成社会组织和产业技术联盟协调市场主体、遵循市场规律自主制定、发布和实施团体标准，快速反映和满足市场需求的团体标准化工作机制，充分发挥团体标准在推进技术创新和培育区域品牌等方面的引领作用。

（一）发展目标

到 2020 年，工业通信业团体标准化工作机制基本健全，团体标准的市场认可度得到较大幅度提升。在市场化程度高、技术创新活跃的领域培育发展一批技术水平先进、具有国际竞争力的团体标准应用示范项目，推动形成一批具有较高知名度和影响力的团体标准制定机构。

（二）基本原则

坚持市场需求为动力。鼓励社会组织和产业技术联盟紧贴市场需求，开展团体标准化工作。通过市场竞争实现团体标准的优胜劣汰，激发社会组织和产业技术联盟开展团体标准化工作的主动性和内生动力。

坚持创新发展为方向。支持社会组织和产业技术联盟主动将科技创新成果融入到团体标准中，促进科技成果产业化，提升产业、企业和产品核心竞争力。

坚持政府引导为保障。加快建立团体标准应用示范工作机制，通过总结成功经验，推动先进团体标准在行业的普及应用，充分调动社会组织和产业技术联盟开展团体标准化工作的积极性。

三、大力提升团体标准的市场认可度

（一）明确团体标准的发展定位

鼓励依法成立的社会组织和产业技术联盟开展团体标准化工作。制定技术指标全面超越或严于国家标准、行业标准的团体标准，推动产品质量和服务水平的提升。在没有国家标准、行业标准的情况下，制定团体标准填补空白，快速响应市场需求。支持将专利融入团体标准，促进创新技术的产业化和市场化。对于团体标准中的必要专利，社会组织和产业技术联盟应及时获得相关专利权人的披露申明，以及公平、合理、无歧视的专利许可声明或免费许可声明。

（二）规范团体标准的制定行为

鼓励社会组织和产业技术联盟遵守相关国际规则、地区协定和标准中关于制定、采用和实施标准的良好行为规范，按照开放、公平、透明和充分协商的原则，制定形成一套广泛认可、规范可行的团体标准制定工作程序并向社会公布，有效规范和指导团体标准的制定行为。社会组织和产业技术联盟要进一步提升适应市场竞争环境、把握市场主体需求的能力和水平。

（三）打造团体标准高品质形象

积极培育团体标准知名品牌，支持基础条件较好、市场影响力较大、代表性较强的社会组织和产业技术联盟围绕提升产品质量、创建区域品牌和推动技术创新等方面的需求，开展团体标准制定与实施，强化团体标准与行业标准、国家标准的协调配套，不断提升团体标准的公信力和社会认知度，最终赢得市场和产业界的认可。

四、营造团体标准发展的良好环境

（四）树立团体标准应用示范标杆

鼓励地方行业主管部门、社会组织和产业技术联盟等申报团体标准应用示范标杆。按照“自愿申报、行业或地方推荐、专家评审、社会公示”等工作程序，定期遴选出应用效果好、技术水平高、市场竞争力强、社会影响力大的团体标准应用示范项目并向社会公布，支持其在全行业范围内的推广应用，使团体标准成为高水平、高质量的代名词，引领相关产业发展。

（五）探索建立团体标准采信机制

推动在产业政策、产业规划等方面采用团体标准，鼓励在国家标准、行业标准中吸纳和引用团体标准，扩大团体标准的社会影响力。建立团体标准转化为行业标准的快速机制，明确转化条件和程序要求，支持将技术水平高、实施效果好，属于产业发展重点领域的团体标准转化为行业标准。畅通社会组织和产业技术联盟参与国际标准化活动的渠道，鼓励借鉴团体标准提出国际标准提案，参与国际标准制定。

（六）优化完善现有标准体系结构

进一步厘清行业标准和团体标准之间的界限和关系。将行业标准主要界定在重点技术、产品和服务，以及基础公益性领域，逐步减少一般性技术、产品和服务类标准。对技术变化快、发展方向尚不明确的重点领域，支持相关社会组织和产业技术联盟先期开展团体标准的制定与实施，为行业标准的制定探索道路、积累经验。

（七）支持团体标准的社会监督

团体标准不得违反相关法律法规和强制性标准要求，不得损害人身健康和生命财产安全、国家安全、生态环境安全和经济安全。鼓励社会组织和产业技术联盟在团体标准化工作中自觉接受社会监督，支持相关专业机构从合法性、合规性、先进性、国际性和影响力等角度，自主开展团体标准技术水平和实施效果评价，供市场参考。

五、保障措施

（八）强化团体标准培育发展的组织协调

工业和信息化部将加强对团体标准应用示范等工作的组织协调，确定年度工作重点和发展目标，及时总结实施成效和经验，不断完善工作机制。地方工业和信息化主管部门、有关行业协会（联合会）等单位要积极支持本地区、本行业内的社会组织和产业技术联盟开展团体标准制定与实施，向工业和信息化部推荐技术先进、应用效果好的团体标准项目。

（九）加强团体标准的宣传与服务

多渠道、多层次宣传团体标准化工作，大力提升全行业对团体标准的认知度。支持各类标准化研究机构、专业标准化技术组织等面向社会组织和产业技术联盟提供人员培训、标准编制和标准化技术咨询等服务，不断提升社会组织和产业技术联盟的标准化能力。支持社会组织和产业技术联盟加强与标准化研究机构、专业标准化技术组织的协作，共同推进团体标准制定。

（十）加大对团体标准的资金扶持

研究推动对团体标准应用示范项目、团体标准采信等重点工作给予一定的经费支持，引导社会团体加大在团体标准方面的资金投入。支持地方工业和信息化主管部门设立专项资金，支持相关团体标准的制定、实施与评估。